جميع الحقوق محفوظة.

قد لا تكون النصائح والاستراتيجيات الموجودة في الداخل مناسبة لكل موقف. يباع هذا العمل على أساس أنه لا المؤلف ولا الناشرون مسؤولون عن النتائج المتراكمة من المشورة الواردة في هذا الكتاب. يهدف هذا العمل إلى تثقيف القراء حول العملات المشفرة والموضوعات ذات الصلة وليس المقصود منه تقديم المشورة الاستثمارية. جميع الصور هي الملكية الأصلية للمؤلف ، أو المجال العام كما هو مذكور في مصادر الصور ، أو تستخدم بموافقة أصحاب الممتلكات.

منشور أوديTM

لا يجوز إعادة إنتاج أي جزء من هذا المنشور أو توزيعه أو نقله بأي شكل أو بأي وسيلة ، بما في ذلك النسخ أو التسجيل أو الطرق الإلكترونية أو الميكانيكية الأخرى ، دون إذن كتابي مسبق من الناشرين ، إلا في حالة الاقتباسات الموجزة المضمنة في المراجعات وبعض الاستخدامات غير التجارية الأخرى التي يسمح بها قانون حقوق النشر.

الطبعة الأولى 2021.

غلاف فني ISBN 978-1-957470-01-6
غلاف عادي ISBN 978-1-957470-00-9

AF113122

ترجمة

هذا الكتاب هو دليل وأداة لأولئك الذين يعرفون أنفسهم مع العملة المشفرة. غالبا ما تمهد التقنيات الجديدة لفرصة هائلة ، ومع ذلك فإن شريحة صغيرة فقط من الناس تستفيد استفادة كاملة من هذه الفرص. يتميز هؤلاء الأشخاص بالتعرض المبكر متبوعا بالرغبة في التعلم وتحمل المخاطر. فقط فكر في بناة الإنترنت الأوائل في القرن 21st ، وأباطرة التصنيع في المعجزة الآسيوية ، ومستعمري الولايات المتحدة ، والصناعيين الأوائل في بريطانيا.

قليل من الحقول تلبي هذه السوابق بقدر العملة المشفرة. خلقت العملات المشفرة الملايين أو المليارات من الثروة لمجموعة كبيرة من المتبنين الأوائل ، ومع ذلك فإن معظم الأشخاص الآخرين ليسوا على دراية بالمجال ولا التكنولوجيا. بدأ الكثيرون يرون أن العملات المشفرة والتطبيقات اللامركزية وسلاسل الكتل تمكن أكبر ثورة مالية منذ الإنترنت ، وهذه التقنيات تغير الطريقة التي يعمل بها المال والأشخاص على أساس يومي. هذا الكتاب والمعرفة في الداخل يمثلان مستقبلا يتجه بالتأكيد في طريقنا.

الحاجز المفاهيمي للدخول إلى العملة المشفرة ، في جوهره ، هو الغرض الدافع وراء إنشاء هذا العمل. يتم تتبع التعلم بسرعة طويلة من خلال تفسيرات المفاهيم وملخصات الأقسام والمرئيات والمزيد. ومع ذلك ، لا يلزم معرفة كل شيء. إن اختيار *ما* تتعلمه لا يقل أهمية عما *لو* كنت تتعلم. لتلبية هذا التوقع ، ينقسم الكتاب إلى جزأين: أحدهما ، الدليل ، والثاني ، القاموس. يمكن قراءة الدليل (الذي ينتهي في الصفحة 182) كوسيلة نحو قاعدة كاملة من التفاهم. باتباع الدليل ، تعمل أقسام القاموس والموارد كأدوات مرجعية ونقطة انطلاق للتعلم المستقل. بمجرد الانتهاء ، يجب أن تكون قادرا على تطبيق نفسك بثقة في عالم التشفير. هذا هو الهدف، وهذا هو هذا الكتاب.

يتكون جزء الدليل من الأقسام التالية:

المصطلحات والمفاهيم الأساسية

شروط المعرفة العامة

شروط البلوكشين

شروط ومفاهيم التداول

لغة غير رسمية

المختصرات

كتالوج مرئي

اللاعبون الرئيسيون

التاريخ والجدول الزمني

مشروعيه

تهدف هذه الأقسام إلى تقديم مقدمة كاملة للعملات المشفرة. لاحظ أن عددا كبيرا من التعاريف يتم توفيره فقط في القاموس لاستخدامه كأداة مرجعية ، في حين أن الدليل أقل ميلا من الناحية الفنية.

سأوقع هنا. ف صاعدا!

المصطلحات والمفاهيم الأساسية

يشكل القسم التالي الطبقة الأساسية والأساسية من المعرفة اللازمة للعمل في النظام البيئي للعملات المشفرة.

ينقسم هذا القسم إلى قسمين فرعيين: المفاهيم والمصطلحات. تحدد المفاهيم السبعة التالية بعض الأفكار والتطبيقات الأساسية للمساحة الأوسع وصناعة العملة المشفرة:

- # 1: اللامركزية
- # 2: بلوكتشين
- # 3: العملة المشفرة
- # 4: تعدين العملات المشفرة
- # 5: بيتكوين
- # 6: إيثريوم
- # 7: NFTs

يحتوي قسم المصطلحات على حوالي خمسين كلمة. يمكن قراءة المصطلحات بأي ترتيب ويتم فهرستها والبحث فيها في القاموس الكامل في نهاية الكتاب.

اللامركزيه

تهدف العملة المشفرة بشكل أساسي إلى حل مشكلة الثقة. تستند الشبكات المركزية إلى نوع من الهيكل المركزي. بالنسبة لقطاع الدفع ، هذا PayPal وشريط. بالنسبة للقطاع المالي ، هذا عدد صغير من البنوك الكبيرة. في قطاع البيانات ، هذا هو Google و Facebook وعدد صغير من محركات البحث الكبيرة الأخرى وتطبيقات الوسائط الاجتماعية. في كل من هذه الأنظمة ، يتم وضع التحكم في أيدي مجموعة فرعية صغيرة من الأشخاص أو التكنولوجيا ، والوصول محدود. وهذا يؤدي بطبيعته إلى العديد من القضايا: الذاتية، ونقاط الفشل الفردية ، وعدم التوازن في صنع القرار والوعي، وعدم وجود حافز فردي لإحداث التغيير من أسفل إلى أعلى. بالإضافة إلى ذلك ، غالبا ما تفتقر الأنظمة المركزية ، على الأقل على نطاق نسبي ، إلى الشفافية والأمن وإمكانية التتبع.

تقدم الشبكات اللامركزية ، التي تعمل من خلال شبكات موزعة من العقد (الأجهزة الموجودة على الشبكة) ، كل هذه الأشياء: تعزيز الأمن بدون نقطة فشل واحدة ، وتحسين الكفاءة من خلال الأتمتة وإزالة الاختناقات المركزية المختلفة ، والشفافية الكاملة وإمكانية التتبع من خلال نظام عام للتسجيل ، واتخاذ القرارات المفتوحة لجميع الأطراف تقريبا في الشبكة ، وما إلى ذلك.

هذا لا يعني أن مسألة الأنظمة والمنظمات المركزية مقابل اللامركزية لها إجابة صحيحة تماما: كلاهما له إيجابيات وسلبيات. على سبيل المثال ، من الإنصاف القول إن السيطرة المركزية في أوقات الحرب هي نظام أفضل بكثير. جنرال واحد ماهر هو أكثر كفاءة بكثير من القيادة العليا من عشرة. ومع ذلك ، وعلى نفس المنوال ، فإن القرار بشأن ما إذا كان سيتم الذهاب إلى الحرب في المقام الأول يتم اتخاذه بشكل أفضل بكثير بطريقة لامركزية ومع الناتج المشترك للعديد من الأراء المختلفة.

في الماضي ، هيمنت الأنظمة المركزية ، وتتجه الشبكات البشرية عموما نحو المركزية: العديد من المزارعين إلى مدينة واحدة ، والعديد من الأحزاب السياسية إلى مدينتين ، ودور السينما إلى عدد قليل من خدمات البث ، وما إلى ذلك. إن الأنواع المحددة من الشبكات اللامركزية والموزعة والفوائد التي تسنها هذه الشبكات لم تصبح قابلة للحياة إلا في العقد الماضي أو نحو ذلك من خلال اكتشاف وتنفيذ التكنولوجيا الجديدة ، ولهذا السبب يتم تنفيذ الأنظمة اللامركزية بتأثير هائل في جميع أنحاء العالم وفي جميع مجالات العالم. النوع المحدد من التكنولوجيا التي عززت هذا النمو هو blockchain. شبكات Blockchain هي في الأساس نوع جديد من قواعد البيانات ووسيلة جديدة للمعاملات. يفعلون ذلك من خلال شبكات لامركزية من أجهزة

الكمبيوتر التي تتصل بالأنظمة المشتركة - شبكة Bitcoin ، على سبيل المثال ، تعمل على عدة آلاف من العقد الفردية.

يتم تشفير البيانات من خلال عملية التجزئة (التي تخلط النص بشكل أساسي) ويتم التحقق من صحتها بواسطة العقد على الشبكة. بهذه الطريقة ، حتى في حالة تلف العقد الفردية ، لا يمكن للمهاجمين خرق النظام لأن العديد من العقد الأخرى غير التالفة تقوم ببساطة بفحص وإبطال المعلومات التي تقدمها الأطراف التالفة إلى النظام.

عندما يتم التعامل مع المعلومات على blockchain (على سبيل المثال ، عندما يرسل الطرف A الأموال إلى الطرف B) ، يتم الاستفادة من عدم تناسق المعلومات من خلال استخدام مفتاح خاص وعام. على الرغم من أن المهاجم يعرف النظام والوسائل التي يتم من خلالها التعامل مع البيانات (البيانات تعني الإرسال المشفر) ، لا يمكن للمهاجم كسر النظام لأن الطرف A والطرف B ، من خلال التعليمات البرمجية على blockchain ، يستفيدون من مفاتيحهم الخاصة لنقل البيانات بنجاح. يتم شرح كل هذا بمزيد من التفصيل في جميع أنحاء الكتاب.

لا تتطلب شبكات Blockchain أي ثقة على الإطلاق ، نظرا لأن رمز النظام غير قابل للتغيير ، والسجلات عامة تماما ويمكن عرضها من خلال دفاتر الأستاذ العامة. لا حاجة إلى وسطاء ، ويتم تقليل النفقات العامة وتكاليف المعاملات والأخطاء ، والأنظمة أكثر كفاءة من البدائل المركزية. وقد أدت هذه الفوائد إلى اعتماد blockchain على نطاق واسع عبر الخدمات اللوجستية لسلسلة التوريد ، وإدارة البيانات والتحقق منها ، والهوية الرقمية ، وتطبيقات الويب اللامركزية ، والعديد من المجالات الأخرى.

بلوكتشين

تعمل جميع العملات المشفرة من خلال تقنية blockchain. يمكن اعتبار Blockchain ، في أبسط أشكالها ، كنوع من الشبكات التي تخزن البيانات في سلاسل حرفية من الكتل. Blockchains أسرع وأكثر أمانا من معظم البدائل المركزية. إليك بالضبط كيفية تشغيل الكتل والسلاسل:

- تخزن كل "كتلة" المعلومات الرقمية ، مثل الوقت والتاريخ والمبلغ وما إلى ذلك.
- تخزن الكتلة هوية المشاركين في المعاملة باستخدام "المفاتيح الرقمية" ، وهي سلاسل من الأرقام والحروف التي يتم تلقيها عند فتح محفظة. توفر المحافظ الوصول إلى أصول التشفير ، تماما مثل الحساب المصرفي.
- ومع ذلك ، لا يمكن أن تعمل الكتل من تلقاء نفسها. تحتاج الكتل إلى التحقق من أجهزة الكمبيوتر الأخرى ، والمعروفة أيضا باسم "العقد" في الشبكة.
- ستقوم العقد الأخرى بالتحقق من صحة معلومات كتلة واحدة. بمجرد التحقق من صحة البيانات ، وإذا كان كل شيء يبدو جيدا ، تخزين الكتلة والبيانات المرتبطة بها في دفتر الأستاذ العام.
- دفتر الأستاذ العام هو قاعدة بيانات تسجل كل معاملة تمت الموافقة عليها على الشبكة. معظم العملات المشفرة ، بما في ذلك Bitcoin ، لها دفتر الأستاذ العام الخاص بها.
- ترتبط كل كتلة في دفتر الأستاذ بالكتلة التي جاءت قبلها والكتلة التي جاءت بعدها. ومن ثم ، فإن الروابط التي تشكلها الكتل تخلق نمطا يشبه السلسلة ، ويتم تشكيل blockchain.

ملخص: تمثل **الكتلة** المعلومات الرقمية ، وتمثل **السلسلة** كيفية تخزين هذه البيانات في قاعدة البيانات. ضع في اعتبارك عرض الجدول الزمني للعملة المشفرة بشكل أكبر في الكتاب لإلقاء نظرة على كيفية تقدم blockchain على مر العقود.

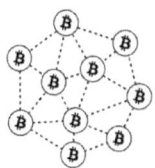

عملة معماة

العملة المشفرة هي مصطلح شامل. تماما مثل متجر التطبيقات ، يخدم كل تطبيق غرضا مختلفا ، ومصطلح "التطبيق" يعمل فقط على وصف طبيعة وجوده. العملة المشفرة هي نظام رقمي يعمل كوسيلة للتبادل من خلال استخدام العملات المعدنية أو الرموز المميزة. يتم تخزين سجلات الملكية في دفتر الأستاذ ، وهي قاعدة بيانات تستفيد من التشفير لتمكين إمداد الأمان والتحكم.

يمكن أن تعمل العملات المشفرة من خلال مجموعة متنوعة من النماذج المختلفة: يستفيد إثبات العمل (PoW) من قدر محدد من الجهد الحسابي للتحقق من المعاملات ، بينما في إثبات الحصة (PoS) ، يشارك مالكو الرموز المميزة الخاصة بهم كضمان. العملات المشفرة هي الأكثر بروزا بالنسبة للعملات الورقية لكونها لامركزية ، ولا تزال تشهد نموا هائلا في التبني العالمي. راجع الجدول الزمني للعملات المشفرة بشكل أكبر في الكتاب للحصول على معلومات حول ظهور العملات المشفرة. قريبا قادمة هي أعطال الوظيفة الرئيسية لشبكات إثبات العمل (التعدين) ، بالإضافة إلى اثنين من العملات المشفرة الأكثر شعبية ، Bitcoin و Ethereum.

تعدين العملات المشفرة

تعدين عملة مشفرة هو عملية جهاز كمبيوتر أو بطاقة رسومات أو دائرة متكاملة خاصة بالتطبيق (ASIC) تحاول اكتشاف الإجابة الرياضية لكتل العملات المشفرة. يتنافس كل عامل منجم في سباق للعثور على الإجابة ضد جميع عمال المناجم الآخرين على الشبكة. بمجرد العثور على الإجابة ، يسمح لهذا المعدن بإنشاء الكتلة وإرسالها إلى الشبكة للتحقق والتحقق من الصحة ، والتي تتم بواسطة العقد.

تستخدم جميع العملات المشفرة القائمة على إثبات العمل شكلا من أشكال التعدين مع مجموعة متنوعة من خوارزميات التعدين. تستخدم Bitcoin خوارزمية SHA-256 ، والتي تعني خوارزمية التجزئة الآمنة وتنتج 256 بت. (كل بت هو 1 أو 0.) يستخدم Ethereum خوارزمية تعدين EthHash ، والتي يتم تعدينها بشكل أساسي من وحدات معالجة الرسومات المستخدمة. تبلغ قيمة سوق التعدين عدة مليارات من الدولارات سنويا ، ولا يزال يشهد نموا حيث يتم طرح شركات تعدين العملات المشفرة مثل Argo Blockchain و HIVE للاكتتاب العام عند سقف سوقي مكون من 9 أرقام.

بيتكوين

كانت Bitcoin أول عملة مشفرة مستخدمة على نطاق واسع: فهي شبكة كمبيوتر مفتوحة المصدر ، من نظير إلى نظير ، ومجموعة من البروتوكولات ، وذهب رقمي. في الشكل المادي ، تعمل Bitcoin من خلال 13000 جهاز كمبيوتر تم تحميلها على الشبكة. في الغرض ، تعد Bitcoin وسيلة عالمية للمعاملات السهلة والآمنة ، وقوة ديمقراطية ، ووسيلة للتمويل الشفاف والمجهول.

بدأ Bitcoin بواسطة Satoshi Nakamoto ، الذي نشر ورقة Bitcoin البيضاء في عام 2008 وظل مجهولا تماما منذ ذلك الحين. بغض النظر عن هويته ، يمتلك منشئ Bitcoin حاليا ثروة تزيد قيمتها عن 70 مليار دولار (أي ما يعادل 1.1 مليون بيتكوين) وإذا ارتفعت Bitcoin بضع مئات بالمائة أخرى ، فسيصبح هذا الرقم الغامض أغنى فرد في العالم. تشير العوامل التالية إلى بعض فوائد Bitcoin وتمكن درجة عالية من الأمان التي تحافظ عليها Bitcoin:

بيتكوين عامة. Bitcoin ، مثل العديد من العملات المشفرة ، لديها دفتر أستاذ عام يسجل جميع المعاملات. نظرا لأنه لا يجب تقديم معلومات خاصة لامتلاك وتداول Bitcoin وجميع معلومات المعاملات عامة على blockchain ، فإن المتسللين ليس لديهم ما يخترقونه أو يسرقونه ؛ البديل الوحيد لاختراق شبكة Bitcoin والاستفادة منها (باستثناء نقاط الفشل البشرية ، مثل هجمات التبادل وكلمات المرور المفقودة) هو هجوم بنسبة 51٪ ، وهو أمر مستحيل عمليا على نطاق Bitcoin. كونك عاما يرتبط أيضا بكون Bitcoin بلا إذن. لا أحد يتحكم فيها ، وبالتالي لا يمكن لأي وجهة نظر ذاتية أو فردية أن تؤثر على الشبكة بأكملها دون موافقة أي شخص آخر على الشبكة.

بيتكوين لامركزية. تعمل Bitcoin حاليا من خلال 13000 عقدة ، وكلها تعمل بشكل جماعي على التحقق من صحة المعاملات. نظرا لأن الشبكة بأكملها تتحقق من صحة المعاملات ، فلا توجد طريقة لتغيير المعاملات أو التحكم فيها ما لم يتم التحكم في 51٪ من الشبكة. مثل هذا الهجوم ، كما ذكر ، مستحيل عمليا بالسعر الحالي للبيتكوين ، سيحتاج المهاجم إلى إنفاق عدة ملايين من الدولارات يوميا والتحكم في حجم الموارد الحسابية غير المتوفرة ببساطة. وبالتالي ، فإن الطبيعة اللامركزية للتحقق من صحة البيانات تجعل Bitcoin آمنة للغاية.

بيتكوين لا رجعة فيه. بمجرد تأكيد المعاملات في الشبكة ، يكون التأكيد دائما لأن كل كتلة (الكتلة عبارة عن مجموعة من المعاملات الجديدة) متصلة بكتل على جانبيها ، وبالتالي تشكل سلسلة مترابطة. بمجرد كتابتها ، لا يمكن تعديل الكتل. هذان العاملان ، مجتمعان ، يمنعان تغيير البيانات ويضمنان قدرا أكبر من الأمان.

يستخدم Bitcoin عملية التجزئة. التجزئة هي دالة تحول قيمة إلى أخرى ؛ تقوم التجزئة في عالم التشفير بتحويل إدخال الأحرف والأرقام (سلسلة) إلى إخراج مشفر بحجم ثابت. تساعد التجزئات في التشفير لأن حل كل تجزئة يتطلب العمل بشكل عكسي لحل مشكلة رياضية معقدة للغاية. ومن ثم ، فإن القدرة على حل

هذه المعادلات تعتمد بحتة على القوة الحسابية. يمكن لخوارزميات التجزئة مقارنة القيم المجزأة بدلا من مقارنة البيانات في شكلها الأصلي ، وهو أكثر شاقة ، وتعمل وظائف التجزئة كواحدة من أكثر وسائل نقل البيانات مقاومة للاختراق.

باستخدام التقنيات الموصوفة ، تهدف Bitcoin إلى القيام بما يلي:

- امنح المستخدمين القدرة على التعامل مع القيمة عبر الإنترنت بطريقة آمنة دون الاعتماد على مؤسسة مركزية ، بدلا من الاعتماد على إثبات التشفير.
- القضاء على الحاجة إلى الوسطاء وتقليل الاحتكاك في سلسلة التوريد ، والخدمات المصرفية ، والعقارات ، والقانون ، وغيرها من المجالات.
- القضاء على المخاطر التي تواجهها البيئة التضخمية والمركزية والقابلة للتغيير للعملات الورقية.
- تمكين التحكم الآمن في الأصول الشخصية دون الاعتماد على مؤسسات الجهات الخارجية.
- تمكين حلول blockchain في المجالات الطبية واللوجستية والتصويت والتمويل ، بالإضافة إلى أي مكان آخر قد تنطبق فيه هذه الحلول.

Bitcoin هي العملة المشفرة الأكثر شهرة ، وهي محقة في ذلك: لقد كانت أول عملة مشفرة ناجحة ، وتقزم جميع العملات الأخرى في الحجم ، وتكبدت تبنيا سريعا للتيار السائد. ومع ذلك ، فإنه يمثل مجرد شظية من العملات المشفرة ، وتم إنشاء العديد من العملات الرقمية لتحسين Bitcoin أو لحل مشاكل أخرى. Ethereum ، ثاني أكبر عملة مشفرة ، هي إحدى هذه الحالات.

إيثريوم

Ethereum هي منصة تقنية مفتوحة المصدر قائمة على blockchain ، وتتكون من شبكة تضم أكثر من 2,900 جهاز كمبيوتر تعمل معا لتخزين وصيانة دفتر أستاذ المعاملات بمعدل يصل إلى 30 معاملة في الثانية. تتيح التكنولوجيا وراء Ethereum الخصوصية وإخفاء الهوية والشفافية في عالم التمويل الافتراضي. أكثر من ذلك ، تتيح منصة Ethereum مئات الآلاف من الأنظمة البيئية المستقلة للعملات المشفرة ، والتي تعمل فوقها. تسمى هذه الكائنات المستقلة "الرموز المميزة" ، ويمكن شراؤها وبيعها وتوليدها وحرقها ونقلها باستخدام منصة Ethereum. لاحظ أن مصطلح "عملة" يشير على وجه التحديد إلى رمز مميز يعمل على blockchain الخاص به.

كما قدمت Ethereum "العقود الذكية" التي تمكن مجموعة من التطبيقات لكل من عملة Ethereum والنظام البيئي الرمزي الأكبر. تم طرح مفهوم منصة Ethereum لأول مرة من قبل مبرمج روسي كندي يدعى Vitalik Buterin في عام 2013. خلال عام 2014 ، عمل بوتيرين مع مجموعة من الأفراد لتشكيل ما يعرف اليوم باسم مؤسسة Ethereum. تم تمويل التطوير بشكل جماعي ، حيث قام المستثمرون بشراء Ether (ETH) باستخدام Bitcoin (BTC) من أجل إطلاق المشروع. بدأت مشاركة بوتيرين في العملات المشفرة في عام 2011 ، عندما بدأ الكتابة ل *Bitcoin Weekly* ، وبعد ذلك لمجلة *Bitcoin* ، التي كان مؤسسا مشاركا لها. ساعدت مشاركته في مجتمع Bitcoin على ترسيخه بقوة في مفهوم العملة المشفرة وإلهامه نحو ما اعتبره فرصة لا تتكرر إلا مرة واحدة في الجيل.

في حين أن Ethereum هي منظمة عامة ولامركزية وشفافة ، فإن مشاركة Buterin في المشروع قد منحته شيئا من الوضع الصوري ، وآرائه وأنشطته لها بعض التأثير على الأداء المالي للشبكة والرمز الأساسي. منذ إنشاء Ethereum ، قامت مؤسسة Ethereum ، بالعمل مع Buterin ، بقيادة التطوير التقني للشبكة. أدت عملية المؤسسة لاقتراح القدرات على الشبكة إلى تقديم ميزات موجودة الآن في كل مكان مثل السلاسل الجانبية للرموز ، والتجزئة ، وقدرات NFT ، والمزيد.

يتكون Ethereum من محافظ وعملة (Ether) وكتل وعقد وعمال مناجم. تحتوي كل كتلة منتجة على سجل للمعاملات التي تم إجراؤها ؛ يتم تخزين الكتل على العقد ويتم إنشاؤها بواسطة عمال المناجم. علاوة على ذلك ، هناك منصة قابلة للبرمجة ، وهي Ethereum Virtual Machine (EVM) ، والتي تأخذ قدرة دفتر الأستاذ الموزع الكلاسيكي للعملة المشفرة وتحولها إلى آلة حالة موزعة على نطاق واسع. هذا يعني أنه يمكن تنفيذ رمز الكمبيوتر القابل للبرمجة بواسطة الآلاف من عقد Ethereum النشطة في أي وقت. لا تقوم كل كتلة في السلسلة بتخزين المعاملات بالمعنى القياسي فحسب ، بل تخزن أيضا "حالة" blockchain. الأكثر شيوعا ، تسمح وظيفة "العقد الذكي" للشبكة بإنشاء وتنفيذ المعاملات بذكاء بناء على البرمجة المحددة مسبقا. بينما تتطلب العملات المشفرة التقليدية

نقطة نهاية (عقدة أو عميل) لإنشاء المعاملات ، فإن EVM يسمح بتخزين الوظائف المبرمجة وتنفيذها بواسطة الشبكة ككل. بهذه الطريقة ، هناك توافق في الآراء بشأن الوظائف التي يتم تشغيلها.

على سبيل المثال ، ما يلي ممكن مع وظيفة العقد الذكي:

- قم بإنشاء رمز مميز بحد أقصى للعرض يبلغ 1,000,000 رمز مميز.
- قم بتوزيع الرمز المميز بالتساوي على 100000 محفظة.
- في كل معاملة ، أرسل 0.5٪ من القيمة إلى عنوان "حرق" ووزع 0.5٪ من المعاملة على جميع حاملي الرمز المميز الحاليين.

هذه الأنواع من القواعد ممكنة فقط مع الحوسبة الموزعة التي تتيحها Ethereum ولن تكون ممكنة مع عملة مشفرة كلاسيكية من نوع دفتر الأستاذ.

منذ إنشائها ، عملت Ethereum حول آلية إثبات العمل (PoW) لمعالجة الكتل ومكافأة المشاركة في الشبكة. تتنافس أنظمة التعدين لإنتاج الكتلة التالية في الشبكة ، والتي ستحتوي على جميع المعاملات الحالية. تقوم الشبكة بضبط الصعوبة للسماح لمحطات عمل التعدين بإنتاج كتلة جديدة كل اثنتي عشرة ثانية تقريبا. إذا بدأ المزيد من الأنظمة في التعدين ، فستزداد الصعوبة من أجل الحفاظ على هذا الإطار الزمني المطلوب. سيكون لدى عامل المنجم الفائز حوالي 2 ETH تضاف إلى محفظته وسيتم تعويضه أيضا عن رسوم الغاز التي تكبدتها المعاملات المدرجة في الكتلة.

مع ظهور Eth 2.0 في نهاية المطاف ، ستنتقل شبكة Ethereum إلى نموذج إثبات الحصة ، حيث لن تكون هناك حاجة إلى أنظمة التعدين باهظة الثمن والمتعطشة للطاقة. بدلا من ذلك ، يجب على أولئك الذين يرغبون في المشاركة في الشبكة مشاركة (إيداع) مبلغ من ETH حتى يصبحوا "مدققين". ستؤدي عقد المدقق نفس وظيفة نظام التعدين. ستختار الشبكة بشكل عشوائي مدققا لإنتاج كتلة معينة ، بينما ستؤكد عقد المدقق الأخرى التي لم يتم تحديدها الكتلة. سيحصل المدقق المختار على مكافأة لتلك الكتلة. يسمح نموذج PoS الجديد أيضا بتقنية تعرف باسم "التجزئة" ، والتي تنفذ سلاسل متعددة على الشبكة. يمكن تشغيل سلاسل متعددة في وقت واحد لدفع قوة المعاملات في الثانية للشبكة بأكملها إلى مئات الآلاف.

NFTs

العملات المشفرة قابلة للاستبدال ، مما يعني أنها ليست فريدة من نوعها. كل رمز مميز هو نفسه الرمز التالي ، ويمكن أن توجد ملايين أو مليارات من العملات المعدنية أو الرموز المتطابقة. من ناحية أخرى ، فإن NFTs غير قابلة للاستبدال ، مما يعني أن كل رمز مميز فريد وغير قابل للتشغيل المتبادل. الفرق هو نفس العملات الورقية والفن الثمين ـ كلاهما يحمل قيمة ، ويختلفان فقط في أن قطعة فنية قيمة فريدة من نوعها ، في حين أن العملة تتكون من عملات معدنية أو فواتير متطابقة ، وكلها تشترك في مبلغ محدد من القيمة. تتجاوز إمكانات NFTs الفن. يكمن التقدم الحقيقي في مفهوم القدرة على إثبات ، من خلال القانون العام ، أن شيئا ما مملوك. يمكن ترميز كل شيء ويصبح NFT ، ويمكن إثبات الملكية دون الاعتماد على الوسطاء ؛ التلاعب وتزوير البيانات أمر مستحيل. لتوضيح هذه المفاهيم ، ضع في اعتبارك بعض التطبيقات التالية ل NFTs.

1. NFTs في الفن.
2. NFTs في الألعاب.
3. NFTs في الرياضة.
4. NFTs في الموسيقى.
5. NFTs في ميتافيرس.
6. NFTs في التحقق.
7. NFTs في العقارات.

NFTs في الفن

التطبيق الأساسي الحالي ل NFTs موجود في مجال الفن. يتم وصف NFTs وإثارتها على أنها ملفات jpeg قابلة لتحقيق الدخل ، ولا يعرف معظم الناس NFTs إلا من خلال المشاريع الفنية مثل CryptoPunks و CryptoKitties وفنانين مثل Beeple. حقا ، تمثل NFTs شيئا فريدا ويمكن التحقق منه وتخزينه بتنسيق رقمي. يعمل الفن فقط كجسر سهل لربط شيء مرئي جدا بتقنية الترميز غير المرئية.

كان أول NFT ، المسمى Quantum ، عبارة عن رسوم متحركة على شكل مثمن ، ومنذ ذلك الحين نما فن NFT إلى 10 مليارات دولار من الحجم في الربع الثالث من عام 2021 (وفقا ل DappRadar) وتم بيع القطع الفردية بعشرات الملايين.

* بيعت هذه القطعة الفنية، التي تمثل 13 عاما من أعمال الفنان الرقمي بيبل، مقابل 69.3 مليون دولار في مزاد كريستيز.

NFTs في الألعاب

في عصر الألعاب الحالي ، يعمل اللاعبون على كسب عناصر داخل اللعبة ، مثل الجلود والقدرات والمستويات والأسلحة. العناصر التي يحتفظون بها داخل اللعبة مملوكة لشركات الألعاب ، في حين أن تحقيق الدخل من المهارات داخل اللعبة أمر صعب. تتيح NFTs و Web3 مشهدا رقميا معاد تصوره: منصات يكون فيها كل عنصر داخل اللعبة عبارة عن NFT. يمكن للاعبين امتلاك ما يعملون من أجله بشكل شرعي والتداول بسهولة والاستفادة من هذه العناصر.

في NBA 2k ، ماذا لو كان من الممكن جمع اللاعبين داخل اللعبة وتداولهم على أنهم NFTs ، كل منها يعكس قيمة اللاعبين الحقيقيين ويرتفع السعر أو ينخفض على هذا النحو؟ في Fortnite ، ماذا لو كان بإمكانك بالفعل امتلاك جلودك ونقلها إلى معرضك الرقمي في metaverse؟ لقد خلقت هذه التطبيقات والمزيد بالفعل تجارب ألعاب NFT شائعة على نطاق واسع: Axie Infinity و Guild of Guardian و Idle Ciber و Sandbox و Decentraland. وهناك الكثير من الأعمال الأخرى.

* Age of Rust هي واحدة من العديد من الألعاب الجديدة التي تتضمن NFTs.

NFTs في الرياضة

تسمح NFTs للرياضيين باستخدام علامتهم التجارية لزيادة الأرباح الشخصية والتعاون مع المعجبين بطرق جديدة وأفضل. عملت المقتنيات في الرياضة تاريخيا من خلال عدد قليل من القطاعات المادية ؛ خذ بطاقات البيسبول كمثال. يتم تقييم بطاقات البيسبول إلى حد كبير من خلال الندرة وأداء اللاعب. ومع ذلك ، فإن عدد بطاقات بيسبول معينة موجودة غير معروف ، ونادرا ما يتمكن الرياضيون من الاستفادة من البطاقات وعلى الأقل لا يمكنهم جمع الإتاوات.

تقدم NFTs خيارا بديلا - يقوم اللاعبون بسك بطاقاتهم الرقمية الخاصة. يمكن للمشجعين الذين يؤمنون بإمكانات الرياضي شراء البطاقة ، ويكسب الرياضي إتاوات في كل مرة يتم فيها تداول البطاقة. العدد الدقيق للبطاقات المتداولة معروف ، ومن السهل تحديد القيمة.

فعلت NBA Top Shot هذا بالضبط ومقتنيات NBA الرقمية المرخصة رسميا. المشروع لديه أكثر من مليون مستخدم وحقق أكثر من 700 مليون دولار في العام الماضي. وللمقارنة، تقدر القيمة السوقية المجمعة لصناعة البطاقات الرياضية والتذكارات بأكملها بنحو 5.4 مليار دولار - وهذا تقييم وليس مبيعات.

بالإضافة إلى ذلك ، يطلب اللاعبون الرياضيون بشكل متزايد دفع العقود بعملة البيتكوين - في الأونة الأخيرة ، أعلن Odell Beckham Jr. أن راتبه الكامل لعام 2021-22 سيتم دفعه بالعملات المشفرة. انضمت بعض الملاعب إلى هذا الاتجاه وتقدم العملات المشفرة كخيار للدفع بالمقعد ، وتم تغيير اسم مركز LA Staples مؤخرا إلى الساحة Crypto.com في صفقة بقيمة 700 مليون دولار على مدار 20 عاما. في جميع المجالات ، يستكشف اللاعبون الرياضيون والفرق والمؤسسات الطرق التي يمكن من خلالها ل NFTs والعملات المشفرة تحسين تجربة اللاعب والمعجب.

NFTs في الموسيقى

يتضمن النموذج الحالي للموسيقيين منظمة مركزية ، معظمها تقليديا شركة تسجيل ، تدفع السلف والإتاوات القابلة للاسترداد. يجب على الموسيقيين أيضا تقسيم الأموال بين الوكلاء والمحامين والموزعين والأطراف الأخرى. عند تطبيق اللاقابلية للاستبدال واللامركزية على صناعة الموسيقى ، يمكن ترميز التسجيلات والألبومات الفردية والمواد المرئية والتذاكر والبضائع وتوفير نموذج جديد للتفاعل بين الفنان والمجتمع.

تمويل المعجبين ، على وجه الخصوص ، يقطع طبقات من الوسطاء ويمكن المعجبين من أن يصبحوا مالكين مشاركين للموسيقى ، والحصول على وصول فريد إلى الفنانين والمجموعات ، وتمويل المشاريع ، ودعم المبدعين المفضلين لديهم ، والاستفادة من نمو وتطور هؤلاء المبدعين. على سبيل المثال ، قد يوفر أحد المعجبين 1٪ من الأموال اللازمة لإطلاق مسار لفنان صاعد ، ويمكن أن يرسل العقد الذكي 1٪ من جميع الإتاوات المكتسبة من هذا المسار مباشرة إلى المعجب. في حين أن هذه التطبيقات بها عيوب بالتأكيد ولم تتطور بعد إلى درجة سائدة ، فقد دخل فنانون مثل Grimes و Shawn Mendes و Kings of Leon و Devon Welsh و Young and Sick و Steve Aoki جميعا إلى مساحة NFT ، وسيستمر العديد من الموسيقيين في القيام بذلك.

* كانت Kings of Leon أول فرقة تصدر ألبوما كـ NFT ، مع كل رمز مميز يفتح امتيازات خاصة بما في ذلك إصدارات محدودة من الفينيل ومقاعد الصف الأمامي. لقد حققت الفرقة بالفعل الملايين ، وتتوفر Kings of Leon NFTs على opensea.io.

NFTs في ميتافيرس

يمكن تعريف "metaverse" بعدة طرق مختلفة. يرى البعض أنها اللحظة التي تصبح فيها حياتنا الرقمية أكثر قيمة بالنسبة لنا من حياتنا في العالم الحقيقي. تفكر الأنظمة التقليدية في الأمر على أنه عالم واقع افتراضي غامر تماما.

بغض النظر عن كيفية تعريفك لها ، تلعب العناصر الرقمية غير القابلة للاستبدال دورا في مفهوم metaverse ، نظرا لأن الأشياء في المساحات الرقمية يجب أن تكون مملوكة تماما كما هو الحال في الحياة الواقعية ، والطريق الوحيد الممكن للقدرة حقا على امتلاك العناصر الرقمية ، بدلا من وسيط مركزي يحمل العناصر ، هو من خلال NFTs.

بدلا من احتلال قطعة أرض تم إنشاؤها بواسطة شركة مركزية ، يمكن أن تتيح لك NFTs امتلاك قطعة أرض بشكل لا رجعة فيه في عالم افتراضي تم إنشاؤه من خلال وسائل لامركزية. فقط تخيل: في المنزل الذي تبنيه على قطعة الأرض الرقمية الخاصة بك في metaverse ، يمكنك تأطير فن NFT الخاص بك على الحائط ، وبعد ذلك يمكنك لعب لعبة غامرة تكسب فيها مظهر NFT ، والذي يمكنك بيعه لتغطية تكلفة المواد المستخدمة لبناء منزلك. بطرق مثل هذه وأكثر ، تعد العوالم الافتراضية أرضا خصبة لخيال NFT وتنفيذه.

* نظرة على رمل (رمل لعبة) metaverse. كل قطعة أرض مملوكة لمستخدم ، وليس اللعبة ، وكل قطعة أرض تساوي الآن عشرات الآلاف من الدولارات.

NFTs في التحقق

توفر NFTs وسيلة غير قابلة للتغيير للتحقق ؛ تتوسع حالة الاستخدام هذه عبر العديد من الصناعات والتطبيقات. يمكن للكليات ترميز شهادات الدرجات لمنع الاحتيال ؛ يمكن للمنظمات الرياضية ترميز التذاكر والمقتنيات لمنع التزييف ؛ يمكن للحكومات ترميز الوثائق الشخصية (شهادة الميلاد ، الهوية ، إلخ) لإثبات الشرعية بشكل لا يمكن دحضه. يمكن لأي عنصر أو منظمة تستفيد من التاريخ الذي يمكن إثباته الاستفادة من عدم قابلية الاستبدال.

* تقدم شركة ناشئة تسمى Kred (في nft.kred) أدوات إنشاء تذاكر NFT للعلامات التجارية.

NFTs في العقارات

العقارات غير قابلة للاستبدال بالفطرة ونقل العقارات إلى blockchain ليس قفزة كبيرة. يمكن ببساطة إضافة حقوق الملكية الخاصة بالمنزل إلى blockchain ، مما يؤدي إلى ملكية غير قابلة للتغيير ويمكن التحقق منها. في البلدان التي مزقتها الحروب أو غير المستقرة ، يمكن أن تكون مثل هذه التطبيقات مفيدة بشكل لا يصدق ، وفي جميع أسواق العقارات ، تقوم NFTs بقطع الوسطاء وتوفير التكلفة وزيادة السرعة.

* NFTs في العقارات تتجاوز بكثير الممتلكات الشخصية. تستخدم Cryptoisland.com DAOs و NFTs لامتلاك المجتمع لجزيرة خاصة في جزر البهاما.

ملخص مفهوم NFT

NFTs هي مصدر رقمي.

من خلال blockchain ، تثبت NFTs الملكية بطريقة رقمية وشفافة.

تقوم NFTs بإزالة الوسطاء ، ومنح ملكية رقمية غير قابلة للتغيير ، وتمكين التعاون اللامركزي.

الشروط الأساسية

حساب

الحساب هو زوج من المفاتيح العامة والخاصة التي يمكنك من خلالها التحكم في أموالك. عادة ما تعرض حسابك من خلال البورصة ، والتي توفر واجهة تداول مثالية. ومع ذلك ، يتم تخزين أموالك بالفعل على blockchain ، وليس في حسابك.

عنوان

العنوان ، المعروف أيضا باسم مفتاحك العام ، هو مجموعة فريدة من الأرقام والحروف التي تعمل كرمز تعريف ، يمكن مقارنتها برقم حساب مصرفي أو عنوان بريد إلكتروني. مع ذلك ، يمكنك إجراء المعاملات على blockchain. تحتوي العناوين على "شعارات" مستديرة وملونة تسمى معرفات العناوين (أو ببساطة "الرموز"). تتيح لك هذه الرموز معرفة ما إذا كنت قد أدخلت عنوانا صحيحا أم لا.

انزال

الإنزال الجوي هو أداة تسويقية تستخدمها العملات المعدنية الجديدة. سيمنح الفريق الذي يقف وراء عملة أو رمز مميز جديد المستخدمين القدرة على تلقي الأصل مجانا ، عادة مقابل مهمة صغيرة ، مثل متابعة الشركة على وسائل التواصل الاجتماعي أو تقديم عنوان بريد إلكتروني. تعتبر عمليات الإنزال الجوي رائعة للمشاريع ، نظرا لأن العديد من العملاء الجدد متحمسون للعملة ويريدون رؤيتها ترتفع في القيمة. كما أنها رائعة للمستخدمين ، حيث يحصلون على العملة مجانا ويمكنهم جني الكثير من المال. ومع ذلك ، فإن عمليات الاحتيال في الإسقاط الجوي شائعة ، وتفشل العديد من العملات المعدنية الجديدة ، لذا تأكد من إجراء البحث الخاص بك لفهم ما هي عمليات الإنزال الجوي الجديدة الجيدة ، وما هي عمليات الإنزال الجوي غير الجيدة. في ما يلي بعض المواقع التي توفر معلومات حول عمليات الإنزال الجوي الجديدة:

- aidrops.io
- airdropalert.com
- icomarks.com
- cocoricos.io

خوارزمية

تتكون الخوارزمية من القواعد الرياضية التي يجب أن يتبعها الرمز أو البرنامج. يتم استخدام العديد من أشكال الخوارزميات عبر الإنترنت ، مثل تلك التي تستخدمها خدمات الوسائط الاجتماعية لتحديد المحتوى الذي يحصل على مقدار التعرض. تستخدم Blockchains والعملات المشفرة الخوارزميات لأداء مجموعة متنوعة من المهام.

بيتكوين

كانت Bitcoin أول عملة مشفرة. تم إنشاؤه في عام 2008 من قبل فرد أو مجموعة من الأفراد يعملون تحت اسم ساتوشي ناكاموتو.

نقد

في عالم التشفير والاستثمارات ، لا يعني النقد الاحتفاظ بالنقد الحرفي ، بل يعني الأموال التي لا يتم استثمارها بل يتم الاحتفاظ بها في حساب رقمي.

اكد

يشير تأكيد المعاملة إلى تأكيد المعاملة ، مما يعني أن العديد من الأقران في الشبكة قد تحققوا من صحة المعاملة المحددة. بمجرد تأكيد المعاملة ، يتم تخزينها بشكل دائم وعرضها في دفتر الأستاذ العام.

داب / داوs

dApp هو اختصار لـ "التطبيق اللامركزي". في الأساس ، يعتبر أي تطبيق يعمل على blockchain (أو أي شبكة نظير إلى نظير أخرى) وليس له مالك مركزي dApp. DAO هو اختصار للمنظمة المستقلة اللامركزية ويشير إلى أي منظمة شفافة ، مملوكة لشبكة من المشاركين الموزعين ، وتدار بقواعد مبرمجة بدلا من هيكل مركزي.

فك التشفير /التشفير

التشفير هو عملية تحويل النص العادي إلى معلومات مشفرة من خلال استخدام الشفرات. العكس هو فك التشفير ، الذي يحول المعلومات المشفرة إلى نص عادي. يتضمن فك التشفير في التشفير تحويل البيانات المشفرة مرة أخرى إلى نص عادي.

السلع الرقمية

السلعة الرقمية هي أصل رقمي له قيمة. لا يجب أن تكون السلع الرقمية عملات رقمية. NFT والفن الرقمي وأي شيء آخر له قيمة وموجود عبر الإنترنت هي سلع رقمية.

العملة الرقمية

تقع العملات الرقمية في عالم السلع الرقمية. بدلا من الإشارة إلى جميع الأصول الرقمية ، تشير العملات الرقمية إلى جميع العملات التي تعمل عبر الإنترنت فقط وليس لها شكل مادي.

التوقيع الرقمي

يتم استخدام توقيعك الرقمي لتأكيد أن المستندات عبر الإنترنت تأتي منك. هذا لا يعادل التوقيع المادي. بدلا من ذلك ، التوقيعات الرقمية هي تعليمات برمجية يتم إنشاؤها بواسطة خوارزمية.

دفتر الأستاذ الموزع

دفتر الأستاذ الموزع هو دفتر أستاذ يتم تخزينه في العديد من المواقع المختلفة بحيث يمكن التحقق من صحة المعاملات من قبل أطراف متعددة. تستخدم شبكات Blockchain دفاتر الأستاذ الموزعة.

دولفين / حيتان

يتم تصنيف حاملي العملات المشفرة من خلال عدد قليل من المختلفة. تسمى تلك التي لديها حيازات كبيرة للغاية الحيتان ، في حين أن تلك التي لديها حيازات متوسطة الحجم تسمى الدلافين.

تفريغ

يشير التفريغ أو الإغراق إلى بيع كمية كبيرة من العملات المشفرة أو كمية كبيرة من عملة معدنية أو رمز مميز يتم بيعه. على سبيل المثال ، يمكنك أن تقول "هذه العملة تتخلص منها" أو "أنا أتخلص من هذه العملة".

ERC-20 / ERC-20 قياسي

يعد ERC-20 أحد أنواع رموز Ethereum العديدة. تذكر أن الرمز المميز هو رمز مميز لأنه مبني على blockchain آخر ، بينما يتم بناء العملات المعدنية على سلاسل الكتل الخاصة بها. يعد ERC-20 مهما في عالم رموز Ethereum لأنه يستخدم لتحديد القواعد التي تعمل بها جميع الرموز المميزة على Ethereum blockchain. يمكن تشبيهه بحارس أمن. يتطلب ويضمن أن جميع الرموز المميزة في المنطقة المجاورة لها تتبع هذه المجموعة من القواعد. "المعيار" ERC-20 هو القائمة المدمجة لجميع القواعد. يمكن للرموز المميزة التي تستخدم معيار ERC-20 التعامل بين بعضها البعض والتبادل بطريقة أكثر كفاءة.

الاثير

Ether هي العملة المشفرة الأصلية لسلسلة كتل Ethereum. رمز المؤشر الخاص به هو ETH ، ولاستخدام أي عملة على Ethereum blockchain ، يجب عليك دفع رسوم في Ether.

تبادل

بورصة [العملات المشفرة] هي سوق يتم فيه تداول العملات المشفرة. يجب الجمع بين التبادلات والمحافظ. في المحافظ ، يمكن الاحتفاظ بالعملات المعدنية من خلال العناوين. تعمل البورصات كوسيط سهل لمساعدة المستخدمين على التعامل.

فيات

يشير فيات إلى العملات الحكومية ، مثل الدولار الأمريكي واليورو.

التكنولوجيا المالية

Fintech هي اختصار للتكنولوجيا المالية. تتكون التكنولوجيا المالية من أي تقنية تدعم و / أو تمكن الخدمات المالية. العملات المشفرة هي شركات التكنولوجيا المالية ، وكذلك شركات مثل GoFundMe و PayPal.

شوكة / هارد فورك / شوكة ناعمة

الشوكة هي حدوث blockchain جديد يتم إنشاؤه من blockchain آخر. على سبيل المثال ، انفصلت Bitcoin Cash مرة واحدة عن Bitcoin. تحدث الشوكات عندما يكون هناك خلاف بين الخوارزميات وتنقسم إلى نسختين مختلفتين. يوجد نوعان من الشوكات: شوكة صلبة وشوكة ناعمة. الهارد فورك في blockchain هو شوكة تحدث عندما تقوم جميع العقد في الشبكة بالترقية إلى إصدار أحدث من blockchain وترك الإصدار القديم وراءها. ثم يتم إنشاء مسارين: الإصدار الجديد والإصدار القديم. تتناقض الشوكة الناعمة مع هذا عن طريق جعل الشبكة القديمة غير صالحة ؛ ينتج عن هذا blockchain واحد فقط ، وليس الاثنين اللذين يأتيان نتيجة لانقسام صلب.

التحليل الأساسي

التحليل الأساسي هو تحليل عملة أو رمز مميز من خلال مقاييسها الأساسية. تبحث المقاييس الأساسية في النشاط الاقتصادي والمالي لتحديد القيمة.

غاز

يشير الغاز إلى الرسوم المطلوبة لإكمال المعاملات على بلوكشين إيثريوم. يتم منح رسوم الغاز لعمال المناجم ، الذين يتحققون من صحة الكتل ويضمنون شبكات آمنة.

غوي

Gwei هي الفئة (سعر الوحدة) المستخدمة في تحديد تكلفة غاز الإيثريوم. يمكنك التفكير في Gwei و Etherium على أنهما يشبهان البنس مقابل الدولار. 1 ETH يساوي مليار Gwei. يتم استخدام Gwei بدلا من Etherium لأن رؤية أن رسوم الغاز هي 1 Gwei أسهل من رؤية الرسوم على أنها 0.0000000001 Ether. ومع ذلك ، فإن رسوم الغاز مرتفعة جدا اعتبارا من عام 2022 ، ولهذا السبب أصبح اللجوء إلى فئات الإيثر أكثر قابلية للتطبيق حاليا ، على الرغم من أن هذا لن يكون هو الحال إلى الأبد.

خفض

النصف هو العملية التي يتم من خلالها خفض مكافأة تعدين البيتكوين إلى النصف. يحدث تنصيف البيتكوين كل 210,000 كتلة ، وهو ما يعادل تقريبا كل 4 سنوات. سيحدث النصف حتى يتم الوصول إلى الحد الأقصى من المعروض من Bitcoin ويتم تداول جميع العملات المعدنية البالغ عددها 21 مليون عملة.

التجزئه / معدل التجزئة

التجزئة هي دالة تحول قيمة إلى أخرى ؛ تقوم التجزئة في عالم التشفير بتحويل إدخال الأحرف والأرقام (سلسلة) إلى إخراج مشفر بحجم ثابت. في الأساس ، تساعد التجزئة في التشفير. يتطلب "حل" كل تجزئة

العمل بشكل عكسي لحل مشكلة رياضية معقدة للغاية. يسمى المقياس الذي يتم من خلاله الحكم على الكمبيوتر من حيث قدرته على التجزئة معدل التجزئة. ببساطة ، معدل التجزئة هو السرعة التي يمكن للعقدة من خلالها إجراء التجزئة ، والتجزئة مهمة في التشفير.

محفظة ساخنة / المحفظة الباردة

تشير المحفظة الساخنة إلى محفظة عملة مشفرة متصلة بالإنترنت. على العكس من ذلك ، يشير التخزين البارد إلى محفظة غير متصلة بالإنترنت. تسمح المحافظ الساخنة لمالك الحساب بإرسال واستقبال الرموز بسهولة ؛ ومع ذلك ، فإن التخزين البارد أكثر أمانا من التخزين الساخن.

الطرح الأولي للعملة (إيكو)

من أجل جمع الأموال والوعي ، غالبا ما يضع منشئو العملة المشفرة جزءا أوليا من مخزونهم من العملات المعدنية للشراء.

عرض التبادل الأولي (المعهد الأوروبي للأورام)

يشبه IEO ICO. كلاهما عروض أولية للعملات المعدنية أو الرموز المميزة المستخدمة فقط داخل مساحة التشفير. تأتي IEOs في الموضة كنسخة محسنة من ICOs لأن IEOs تسمح لمنصات تداول العملات المشفرة عبر الإنترنت بجعل الأصل قابلا للتداول مباشرة. في الأساس ، تتطلب IEOs جهدا أقل للاستثمار في عملية التداول للعرض الأولي وتبسيطها.

المفاتيح

المفتاح هو سلسلة عشوائية من الأحرف التي تستخدمها الخوارزميات لتشفير البيانات. يتم استخدام مفتاحين للعملة المشفرة: مفتاح عام ومفتاح خاص. كلاهما مهم للفهم ويتم تعريفهما بعمق أدناه.

تعدين

التعدين هو العملية التي يتم من خلالها إضافة الكتل إلى blockchain من خلال حل المشكلات الرياضية. يتطلب حل هذه المشكلات قدرا كبيرا للغاية من القوة الحسابية ، وبالتالي ، يتم تقديم مكافآت لأولئك الذين يقومون بالعمل. يعرف الأشخاص أو المنظمات الذين يستخدمون قوتهم الحسابية للتعدين باسم "عمال المناجم".

شبكة

الشبكة ، في جوهرها ، هي نظام مترابط. يتكون النظام داخل شبكة العملة المشفرة من العديد من العقد (الأجهزة) التي تساعد blockchain في مجموعة متنوعة من المهام. لذلك ، يمكن التفكير في شبكة تشفير مثل العديد من أجهزة الكمبيوتر المختلفة التي تعمل معا لتشغيل blockchain.

كعب

العقدة هي جهاز كمبيوتر متصل بشبكة blockchain يساعد blockchain في كتابة الكتل والتحقق من صحتها. تقوم بعض العقد بتنزيل تاريخ كامل من blockchain الخاص بهم. وتسمى هذه العقد الرئيسية وتؤدي مهام أكثر من العقد العادية. بالإضافة إلى ذلك، لا يتم تأمين العقد في شبكة معينة. بدلا من ذلك، يمكن لمعظم العقد التبديل إلى سلاسل كتل مختلفة عمليا حسب الرغبة، كما هو الحال مع التعدين متعدد التجمعات.

نظير إلى نظير (P2P) / شبكات P2P

تتضمن شبكة نظير إلى نظير العديد من أجهزة الكمبيوتر التي تعمل مع بعضها البعض لإكمال المهام. لا تتطلب شبكات نظير إلى نظير سلطة مركزية وهي جزء لا يتجزأ من شبكات blockchain.

المفتاح الخاص / المفتاح العام

سيستخدم مستخدمو العملات المشفرة مفتاحين: مفتاح عام ومفتاح خاص. كلا المفتاحين عبارة عن سلاسل من الأحرف والأرقام. بمجرد أن يبدأ المستخدم معاملته الأولى، يتم إنشاء زوج من المفتاح العام والمفتاح الخاص. يستخدم المفتاح العام لتلقي العملات المشفرة، بينما يسمح المفتاح الخاص للمستخدم بإجراء المعاملات من حسابه. يتم تخزين كلا المفتاحين في محفظة تشفير.

بروتوكول

البروتوكول هو نظام أو إجراء يتحكم في كيفية القيام بشيء ما. داخل العملة المشفرة، تحكم البروتوكولات طبقة التعليمات البرمجية. على سبيل المثال، يحدد بروتوكول الأمان كيفية تنفيذ الأمان، ويحكم بروتوكول blockchain كيفية عمل blockchain وعمله، ويتحكم بروتوكول Bitcoin في كيفية عمل شبكة Bitcoin.

مضخة / تفريغ

المضخة هي حركة سعر تصاعدية سريعة في عملة معدنية أو رمز مميز. التفريغ هو حركة سعر هبوطية سريعة في عملة أو رمز مميز. "إلى القمر" يشير إلى مضخة ضخمة.

الرتبة / الترتيب

يتم تصنيف العملات المشفرة حسب القيمة السوقية. ضمن نظام التصنيف، والذي قد ينظر إليه على أنه لوحة النتائج، فإن التواجد في أفضل 10 يعادل شارة الشرف. غالبا ما تسمع الناس يقولون، "أعتقد أن هذا يمكن أن يكون أفضل 10 عملات"، وعبارات مماثلة. احتلت Bitcoin المرتبة الأولى منذ إنشائها ومن المرجح أن تحتفظ بهذه المكانة لبضع سنوات أخرى على الأقل. تحقق من تصنيفات العملات بنفسك في أي من المواقع التالية:

- coinmarketcap.com
- coingecko.com
- cryptoslate.com

ساتوشي ناكاموتو

ساتوشي ناكاموتو هو الفرد أو مجموعة الأفراد الذين أنشأوا البيتكوين. لا يعرف الكثير عن هذا الرقم الغامض ، وقد أدى عدم الكشف عن هويته إلى ظهور عدد لا يحصى من نظريات المؤامرة. بينما يدرج ناكاموتو نفسه على أنه رجل يبلغ من العمر 45 عاما من اليابان على موقع رسمي لمؤسسات نظير إلى نظير ، فإنه يستخدم التعابير البريطانية في رسائل البريد الإلكتروني الخاصة به. بالإضافة إلى ذلك ، تتوافق الطوابع الزمنية لأعماله بشكل أفضل مع شخص مقيم في الولايات المتحدة أو المملكة المتحدة. يمتلك ناكاموتو حاليا ثروة تزيد قيمتها عن 50 مليار دولار من خلال حيازات 1.1 مليون بيتكوين.

بذرة / عبارة البذور

عبارة البذور قابلة للتبديل مع عبارة ذاكري. العبارات الأولية عبارة عن تسلسلات من 12 إلى 24 كلمة تحدد المحفظة وتمثلها. باستخدامه ، لا يمكنك أبدا أن تفقد الوصول إلى حساب متصل. إذا نسيتها ، فلا توجد طريقة لإعادة تعيينها أو استعادتها. أي شخص لديه عبارة البذور الخاصة بك لديه حق الوصول الكامل إلى المحفظة المتصلة ومقتنيات العملات المشفرة.

العقود الذكية

العقود الذكية هي جزء أساسي من عالم العملات المشفرة. العقد الذكي هو عقد ذاتي التنفيذ يعمل على التعليمات البرمجية. تتم كتابة شروط العقد ، وكذلك التنفيذ ، مباشرة في العقد الذكي ، وبالتالي تزيل مسألة الثقة لجميع الأطراف في المعاملة. المعاملات الصادرة بعقود ذكية لا رجعة فيها ولا يمكن تعقبها. يمكن استخدام هذه العقود ليس فقط لإدارة معاملات العملات المشفرة ، ولكن أيضا في أنظمة التصويت ، والخدمات المالية المختلفة ، وتخزين المعلومات ، وفي العديد من الصناعات الأخرى.

عملة مستقرة

العملة المستقرة ، على غرار العملة المربوطة ، هي عملة معدنية أو رمز مميز مصمم ليظل بنفس سعر الأصل المعين ، وعادة ما يكون عملة صادرة عن الحكومة. على سبيل المثال ، USDT و DAI هما عملتان مستقرتان شائعتان مرتبطتان بالدولار الأمريكي ، مما يعني أن 1 USDT و 1 DAI سيتواجدان إلى الأبد على قدم المساواة مع دولار أمريكي واحد. لا تواجه العملات المستقرة أي تقلبات عمليا ، وعادة ما توفر فائدة قليلة (APY) على المقتنيات سنويا ، وهي عموما مكان جيد لتخزين مقتنيات العملات المشفرة.

التحليل الفني

التحليل الفني هو نوع من التحليل الذي ينظر إلى المؤشرات الفنية من أجل التنبؤ بحركة السعر. يستخدم المحللون الفنيون البيانات التاريخية من الرسوم البيانية لعمل توقعاتهم.

شريط / رمز المؤشر

المؤشر هو سلسلة من الأحرف التي تحدد عملة أو رمز مميز معين. جميع الأسهم ، وكذلك العملات المشفرة لها رموز مؤشر. على سبيل المثال ، يتم ترميز Bitcoin من خلال BTC و Ethereum من خلال ETH.

رمز مميز

في حين أن العملات المشفرة مبنية على blockchain الخاص بها ، فإن الرموز المميزة للعملات المشفرة مبنية على blockchain غير أصلي. تستخدم العديد من الرموز المميزة سلسلة كتل Ethereum ، وبالتالي يشار إليها باسم الرموز المميزة ، وليس العملات المعدنية. يتم تمثيل استخدامات الرمز المميز ضمن فئات فرعية ، وأهمها رموز الأمان ، ورموز النظام الأساسي ، ورموز الأداة المساعدة ، ورموز الحوكمة. يعد فهم الرموز المميزة جزءا لا يتجزأ من فهم ما تتداوله بالضبط ، بالإضافة إلى فهم جميع استخدامات العملات الرقمية ، ولهذه الأسباب سنلقي نظرة سريعة على أنواع الرموز المميزة المذكورة للتو.

- رموز الأمان تمثل الملكية القانونية للأصل ، سواء كان رقميا أو ماديا. لا تعني كلمة "أمان" في رموز الأمان الأمان كما هو الحال في الأمان ، ولكن بدلا من ذلك ، تشير كلمة "الأمان" إلى أي أداة مالية لها قيمة ويمكن تداولها. في الأساس ، تمثل رموز الأمان استثمارا أو أصلا.
- الرموز المميزة للأداة المساعدة مضمنة في بروتوكول موجود ويمكنها الوصول إلى خدمات هذا البروتوكول. على سبيل المثال ، يتم إعطاء الرموز المميزة للمنفعة عادة للمستثمرين أثناء ICO. بعد ذلك ، في وقت لاحق ، يمكن للمستثمرين استخدام رموز المرافق الخاصة بهم كوسيلة للدفع على المنصة التي قدمت الرموز المميزة. التعريف الكلي الذي يجب أخذه في الاعتبار هو أن الرموز المميزة للمنفعة يمكن أن تفعل أكثر من مجرد كونها وسيلة لشراء أو بيع السلع والخدمات.
- رموز الحوكمة لإنشاء وتشغيل أنظمة التصويت للعملات المشفرة التي تتيح وظائف مثل ترقيات النظام.
- رموز الدفع (المعاملات) تستخدم فقط لدفع ثمن السلع والخدمات.

المعاملات

المعاملة هي أي تبادل بين أطراف متعددة. تتضمن معاملة العملة المشفرة قيام طرف واحد بشراء عملة معدنية أو رمز مميز ، وطرف آخر يبيع تلك العملة أو الرمز المميز.

دفاتر الأستاذ غير المصرح بها

دفاتر الأستاذ غير المصرح بها هي دفاتر الأستاذ التي ليس لها مالك واحد. الغرض من دفتر الأستاذ هذا هو السماح بجميع فوائد اللامركزية.

محفظة

المحفظة هي واجهة المستخدم التي تستخدمها لإدارة حسابك (حساباتك). لا يتم تخزين المقتنيات فعليا في محافظ ، والتي يمكن الوصول إليها من خلال مفتاح خاص وعام ، ولكن على blockchain. محفظة Coinbase و Exodus هي محافظ شائعة.

شروط المعرفة العامة

تشكل المصطلحات التالية مصطلحات المعرفة العامة التي تتعلق بطريقة ما بالعملة المشفرة.

المستثمرون الملاك

المستثمرون الملاك هم أفراد أثرياء يتطلعون إلى الاستثمار في الشركات الناشئة ورجال الأعمال وتوفير التمويل لهم.

حدث البجعة السوداء

حدث البجعة السوداء هو حدث غير متوقع تماما. على سبيل المثال ، إذا استثمرت في عملة معدنية وظهرت أخبار الأسبوع التالي بأن المشروع تلقى تمويلا من مجموعة من المستثمرين الملاك المحترمين ، فقد ترتفع قيمة هذه العملة بشكل غير متوقع.

هجوم القوة الغاشمة (بواو ايه)

هجوم القوة الغاشمة هو هجوم يقوم ببساطة بمعلومات "القوى الغاشمة" ، مثل كلمة المرور ، ببساطة عن طريق تجربة أكبر عدد ممكن من المجموعات. يمكن لهجمات القوة الغاشمة المتقدمة أن تولد ملايين المجموعات في الثانية. BFAs هي السبب في أنه لا يمكنك محاولة إدخال كلمة مرور إلا عدة مرات قبل أن يتم قفلها.

علة باونتي

مكافأة الأخطاء هي مكافأة تمنح لشخص أو أشخاص يجدون أخطاء أو نقاط ضعف في برنامج كمبيوتر أو نظام أوسع. غالبا ما تقدم الشركات الكبيرة ملايين الدولارات في شكل مكافآت مكافأة للأخطاء ، لأن تحديد نقاط الضعف يمكن أن يمنع الاختراق.

الشفرات

التشفير هو الاسم الذي يطلق على أي خوارزمية ، غير متصلة بالإنترنت أو عبر الإنترنت ، تقوم بتشفير المعلومات وفك تشفيرها.

المستخدمون النهائيون

المستخدمون النهائيون هم الأشخاص الذين يستخدمون الإصدار النهائي من المنتج (على سبيل المثال ، في نهاية عملية الإنشاء). لذا ، فإن المطورين ومختبري الإصدار التجريبي ليسوا مستخدمين نهائيين ، في حين أن المستهلك الذي يشتري منتجا من بائع تجزئة رئيسي هو مستخدم نهائي.

الضمان

يشير الضمان إلى طرف ثالث يحتفظ بأموال أثناء المعاملة. يجب أن يكون هذا الطرف الثالث غير متحيز ويتأكد من التزام الطرفين بصفقة متفق عليها.

الاكتتاب العام الأولي (الاكتتاب العام) / الإدراج المباشر

الاكتتاب العام هو العملية التي يمكن من خلالها أن تصبح الشركة متداولة علنا في البورصة. يمكن أن تحتوي العملات المشفرة أو الرموز المميزة على IEO أو ICO ، ولكن ليس IPO. ومع ذلك ، فإن بعض شركات التشفير المركزية تنمو بشكل كبير بما يكفي بحيث يكون لديها اكتتاب عام. يمكن للشركة أيضا أن تصبح مدرجة في البورصة من خلال الإدراج المباشر ، وكلتا الطريقتين لهما نتيجة نهائية مشتركة. كان Coinbase أكبر اكتتاب عام أولي لبورصة العملات المشفرة.

اعرف عميلك (اعرف عميلك)

تتطلب إرشادات اعرف عميلك أن يحصل المتخصصون الماليون على هوية عملائهم. تتناسب إجراءات "اعرف عميلك" مع سياسات مكافحة غسل الأموال الأوسع نطاقا.

كمون

الكمون هو التأخير بين وقت إرسال المعاملة وعندما تتعرف الشبكة على المعاملة. قد ينظر إلى الكمون على أنه تأخر.

السيوله

السيولة هي مدى سهولة شراء الأصل أو بيعه. على سبيل المثال ، الأسهم والعملات المشفرة سائلة للغاية ، حيث يمكن شراؤها أو بيعها في أي لحظة. ومع ذلك ، قد تكون الأصول مثل العقارات والفن الذي لا يقدر بثمن أقل سيولة ، لأن بيعها يتطلب وقتا وجهدا ومالا كبيرا.

خارطة الطريق

خارطة الطريق هي خطة تنشرها المنظمة فيما يتعلق بأهدافها طويلة الأجل ومعاييرها المهمة.

ثانيه

لجنة الأوراق المالية والبورصات (SEC) هي وكالة حكومية مسؤولة عن تنظيم أسواق الأوراق المالية ، مثل سوق الأوراق المالية.

التدقيق الأمني

التدقيق الأمني هو تحليل لمدى أمان النظام ضد الهجمات أو الأعطال الفنية. غالبا ما تقوم الشركات بإجراء عمليات تدقيق أمنية من أجل تحسين إجراءاتها الأمنية.

المشاعر
يصف الشعور موقف شخص أو مجموعة من الأشخاص تجاه شيء ما ، ربما شركة أو شخص أو سوق أو أصل. باختصار ، المشاعر هي العاطفة.

وحدة الحساب
وحدات الحسابات تقيس قيمة الأصول. الدولار الأمريكي ، وكذلك العملات الحكومية الأخرى ، هي وحدات حساب لأنها تقيم الأشياء التي تحمل قيمة. على سبيل المثال ، إذا اشتريت رغيفا من الخبز مقابل 5 دولارات ، قياس وحدة الحساب (المال الذي استخدمته لشراء الخبز) مقابل قيمة الخبز.

واجهة المستخدم (واجهة المستخدم)
واجهة المستخدم هي الواجهة التي يتفاعل المستخدمون من خلالها مع البرامج. يعرض كل موقع ويب تزوره واجهة المستخدم الخاصة به ، والتي تتيح لك التفاعل مع رمز موقع الويب.

القائمة البيضاء
القائمة البيضاء هي قائمة بالعناصر أو المشاركين المعتمدين، كما هو الحال في حدث ما. العكس هو القائمة السوداء ، وهي قائمة بالعناصر المحظورة أو المشاركين.

المستند التعريفي التمهيدي
المستند التقني هو مستند تقدمه الشركات الناشئة للمستثمرين المحتملين يكشف عن معلومات حول خطط الشركة.

شروط البلوكشين

Blockchain هي التكنولوجيا التي نشأت منها العملة المشفرة ، حيث لعبت نفس الدور الذي لعبته أشباه الموصلات في وادي السيليكون. توجد نظرة عامة على blockchain في الصفحة 14 ، بينما يتكون هذا القسم من عدة عشرات من مصطلحات blockchain الأساسية.

المبادلة الذرية

المقايضة الذرية هي تقنية عقد ذكية تسمح للمستخدمين بتبادل عملتين مختلفتين لبعضهما البعض دون وسيط من طرف ثالث ، وعادة ما يكون تبادلا ، ودون الحاجة إلى الشراء أو البيع. لا يمكن للبورصات المركزية مثل Coinbase إجراء مقايضات ذرية. بدلا من ذلك ، تسمح التبادلات اللامركزية بالمقايضات الذرية وتعطي السيطرة الكاملة للمستخدمين.

حجز

الكتلة ، المستخدمة في السياق كجزء من blockchain ، هي بنية بيانات تحتوي على معلومات حول المعاملات. تتضمن هذه البيانات عادة مقدار ووقت المعاملة ، بالإضافة إلى العناوين المعنية.

ارتفاع الكتلة

ارتفاع الكتلة هو عدد الكتل في blockchain. الارتفاع 0 هو الكتلة الأولى ، (يشار إليها باسم كتلة التكوين) الارتفاع 1 هو الكتلة الثانية ، وهكذا. حاليا ، تجاوز ارتفاع كتلة البيتكوين نصف مليون. يبلغ "وقت إنشاء الكتلة" للبيتكوين حاليا حوالي 10 دقائق ، مما يعني أنه تتم إضافة كتلة جديدة واحدة إلى blockchain Bitcoin كل 10 دقائق تقريبا.

كتلة المكافأة

تشير مكافأة الكتلة إلى عدد العملات المعدنية التي يمكن أن يكسبها عامل المنجم لكل كتلة تم تعدينها والتحقق من صحتها بنجاح.

بلوكتشين

blockchain هو نوع من قواعد البيانات التي تنظم كل قائمة من المعاملات (يشار إليها باسم الكتل) في سلاسل ، ومن هنا جاءت تسميتها. تستخدم شبكات Blockchain DLT (تقنية دفتر الأستاذ اللامركزي) وشبكات نظير إلى نظير لإنشاء شبكات لامركزية ومجهولة وآمنة.

ربط السلسلة

يشير ربط السلسلة إلى عملية نقل عملة مشفرة إلى أخرى. نظرا لأن كل عملة لها blockchain الخاص بها ويجب تسجيل المعاملة على كلا blockchains ، يتم ربط سلاسل البيانات على كل blockchain لإكمال المعاملة.

سلسلة سبليت
يشير انقسام السلسلة إلى نفس الحدث مثل الشوكة.

اجماع
عندما يتم إجراء معاملة على شبكة blockchain ، يجب على العديد من العقد المختلفة في blockchain التحقق من صحتها والتوصل إلى توافق في الآراء حول ما إذا كانت المعاملة صالحة أم لا. الإجماع يعني ببساطة رأي الأغلبية.

كونسورتيوم بلوكتشين
اتحاد blockchain هو شبكة blockchain مملوكة للقطاع الخاص من قبل أطراف متعددة.

وظيفة تجزئة التشفير
وظيفة تجزئة التشفير هي عملية معينة تحدث داخل العقد. ستقوم كل عقدة بتحويل معاملة (أو أي إدخال آخر) إلى سلسلة مشفرة تتكون من أحرف وأرقام تسجل مكان المعاملة في blockchain.

حرج
تشير الصعوبة ، في مساحة التشفير ، إلى تكلفة التعدين. يمكن أن تتغير الصعوبة من لحظة إلى أخرى بناء على الطلب والعرض.

عقدة كاملة
العقدة الكاملة هي عقدة تقوم بتنزيل واحتواء التاريخ الكامل لـ blockchain من أجل فرض قواعدها بالكامل دون الحاجة إلى مساعدة العقد الأخرى.

حد الغاز
عندما يتم إجراء معاملة على شبكة ، يمكن للمستخدم تعيين الحد الذي يرغب في دفعه كرسوم غاز. سيؤدي تعيين حدود أعلى للغاز يدويا إلى تنفيذ المعاملات بشكل أسرع ، نظرا لأن المكافأة أعلى. عادة ما يتم تعيين سعر الغاز تلقائيا على سعر السوق الجاري.

جينيسيس بلوك
كتلة التكوين هي الكتلة الأولى في blockchain.

مجموعة التعدين / مجمعات التعدين

يشير التعدين الجماعي إلى مجموعات من الأشخاص أو الكيانات الذين يجمعون قوتهم الحسابية من أجل التعدين معا وتقسيم المكافآت. التعدين الجماعي مرادف لمجمعات التعدين.

معدل التجزئة
معدل التجزئة هو السرعة التي يمكن للعقدة من خلالها إجراء التجزئة. تقوم التجزئة بشكل أساسي بتشفير البيانات أو فك تشفيرها.

المفاتيح
المفتاح عبارة عن سلسلة عشوائية من الأحرف التي تستخدمها الخوارزميات لتشفير البيانات. يتم استخدام كل من المفاتيح العامة والمفاتيح الخاصة في العملة المشفرة.

أزواج المفاتيح
زوج المفاتيح هو مزيج من مفتاح عام وخاص. تحتوي جميع المحافظ على زوج مفاتيح فريد مرتبط بها.

طبقة 2
الطبقة 2 هي إطار عمل ثانوي أو بروتوكول مبني على نظام blockchain. تم تصميم معظم بروتوكولات الطبقة 2 لتعزيز قابلية التوسع blockchain.

دفتر الاستاذ
يخزن دفتر الأستاذ blockchain بيانات حول جميع المعاملات المالية التي تتم على blockchain معين. تستخدم العملات المشفرة دفاتر الأستاذ العامة ، مما يعني أن جميع المعاملات التي تتم باستخدام تلك العملة المشفرة قابلة للعرض بشكل عام من خلال دفتر الأستاذ. ارجع إلى قسم Blockchain لمزيد من المعلومات حول دفاتر الأستاذ العامة.

شبكة البرق
شبكة البرق هي نوع من الطبقة الثانوية أعلى نظام blockchain. تتيح شبكات البرق معاملات أسرع.

الشبكة الرئيسية
تشكل الشبكة الرئيسية الشبكة الرئيسية لـ blockchain. تتم المعاملات على دفتر الأستاذ الموزع ، وليس الشبكة الرئيسية.

مبادلة الشبكة الرئيسية
تحدث مقايضة الشبكة الرئيسية عندما تنتقل عملة من شبكة رئيسية إلى أخرى.

ماسترنود
تلعب Masternodes أدوارا أكثر من العقدة العادية في شبكة blockchain ، مثل تمكين خدمات محددة.

ميمبول
mempool هي منطقة احتجاز العقدة للمعاملات المعلقة (غير المصادق عليها).

شجرة ميركل
شجرة ميركل هي طريقة يتم بها تنظيم البيانات. يعطي هيكل Merkle المظهر المرئي لكونه شجرة ، وأشجار Merkle مرادفة لأشجار التجزئة.

التعدين المدمج
التعدين المدمج هو عملية تعدين العديد من العملات المشفرة في نفس الوقت.

تعدين
التعدين هو العملية التي يتم من خلالها إضافة الكتل إلى blockchain من خلال العمل بشكل عكسي لحل المشكلات الرياضية. يتطلب حل هذه المشكلات قدرا كبيرا للغاية من القوة الحسابية. للتعويض عن هذه التكلفة وتحفيز النشاط ، يتم تقديم مكافآت لأولئك الذين يقومون بالعمل. الأشخاص أو المنظمات الذين يستخدمون قوتهم الحسابية للتعدين هم عمال المناجم.

عقد التعدين
عقد التعدين هو عقد يتضمن قيام طرف واحد بإقراض (بشكل أساسي ، تأجير) قوته الحسابية (قوة التجزئة) إلى طرف آخر. يدفع المشتري رسوما مقدمة مقابل المكافآت الناتجة عن قوة التجزئة المستأجرة.

مزرعة التعدين
مزرعة التعدين عبارة عن مجموعة من العديد من عمال المناجم ، وعادة ما تكون مجموعة كبيرة ، يديرون مركز بيانات كبير أو مستودعا مخصصا خصيصا لتعدين العملات المشفرة. يدير ديف كارلسون واحدة من أكبر مزارع التعدين في العالم. تبلغ نفقاته الشهرية أكثر من 1 مليون دولار من الكهرباء ، وعلى الرغم من أن الأرقام المحددة ليست علنية ، إلا أنه يقدر أن كارلسون في مرحلة ما قام بتعدين ما يصل إلى 200 بيتكوين يوميا. يرجى أن تضع في اعتبارك أن مزارع التعدين غير قانونية في العديد من الأماكن حول العالم.

تجمع التعدين
تجمع التعدين هو مجموعة من عمال المناجم الذين يجمعون قوتهم الحسابية لكسب المكافآت بشكل أسرع. ثم يتم تقسيم المكافآت عبر المجموعة بالنسبة إلى مقدار القوة المساهمة. تجمع التعدين أفضل من التعدين الفردي لأولئك الذين لديهم قوة حوسبة قليلة نسبيا لأن المكافآت يتم توزيعها في كثير من الأحيان. لذلك ، على عكس عامل منجم صغير يكسب مكونا كبيرا بقيمة 1000 دولار من العملات المشفرة كل عامين ، قد ينضم هذا المعدن إلى مجموعة ويكسب 1.37 دولارا في اليوم.

التعدين متعدد المجمعات

التعدين متعدد المجمعات هو حدث انتقال عمال المناجم من عملة مشفرة إلى أخرى بناء على المكافآت المقدمة. تقوم المجمعات التي تقدم تعدينا متعدد المجمعات بالتبديل تلقائيا بين العملات المعدنية. ثم يتم توزيع المكافآت على عمال المناجم الذين ساهموا في القوة الحسابية.

التوقيع المتعدد

تتطلب بعض المحافظ أطرافا متعددة لتفويض المعاملات والتحقق من صحتها قبل إضافة هذه المعاملات إلى دفتر الأستاذ العام ، وبالتالي تتطلب توقيعا متعددا. تتطلب العناوين متعددة التوقيعات والمحافظ متعددة التوقيعات توقيعات متعددة.

شبكة

الشبكة ، في جوهرها ، هي نظام مترابط. يتكون النظام داخل شبكة العملة المشفرة من العديد من العقد التي تساعد blockchain في مجموعة متنوعة من المهام.

كعب

العقدة هي جهاز كمبيوتر متصل بشبكة blockchain يساعد blockchain في كتابة الكتل والتحقق من صحتها. تقوم بعض العقد بتنزيل تاريخ كامل من blockchain الخاص بهم. وتسمى هذه العقد الرئيسية وتؤدي مهام أكثر من العقد العادية. بالإضافة إلى ذلك، لا يتم تأمين العقد في شبكة معينة. بدلا من ذلك ، يمكن لمعظم العقد التبديل إلى سلاسل كتل مختلفة عمليا حسب الرغبة ، كما هو الحال مع التعدين متعدد التجمعات.

نونس

nonce هو رقم تعسفي يستخدم مرة واحدة فقط للتحقق من معاملة تشفير. nonce هو الرقم الذي يتطلع عمال مناجم العملات المشفرة إلى العثور عليه من خلال حل المعادلات الرياضية.

أوراكل

لا يمكن الوصول إلى العقود الذكية داخل blockchain إلا خارجيا من خلال برامج أوراكل. ترسل Oracles البيانات من وإلى العقود الذكية والمصادر الخارجية كما هو مطلوب ؛ قد تفكر في أنها تؤدي نفس المهام مثل الحمض النووي الريبي المرسال في جسم الإنسان.

دفتر الطلبات

دفتر الطلبات هو قائمة بأوامر الشراء والبيع المفتوحة لأصل في البورصة. أي طلب لم يتم تنفيذه هو أمر مفتوح في دفتر الطلبات.

نظير إلى نظير (P2P) / شبكات P2P

تتضمن شبكة نظير إلى نظير العديد من أجهزة الكمبيوتر التي تعمل مع بعضها البعض لإكمال المهام. لا تتطلب شبكات نظير إلى نظير سلطة مركزية وهي جزء لا يتجزأ من شبكات blockchain.

بلوكتشين مصرح به / دفاتر

معظم شبكات blockchain المشفرة عامة. هذا يعني أنه يمكن لأي شخص تعدين blockchain والمساعدة في إضافة الكتل. بديل لهذا النظام هو blockchain المصرح به ، والذي يتضمن دفتر الأستاذ المصرح به المقابل. ضمن الشبكات المصرح بها ، يتم بناء طبقة التحكم في الوصول فوق blockchain العادي الذي يتحكم ، باختصار ، في من يمكنه فعل ماذا.

المفتاح الخاص / المفتاح العام

سيستخدم مستخدمو العملات المشفرة مفتاحين: مفتاح عام ومفتاح خاص. كلا المفتاحين عبارة عن سلاسل من الأحرف والأرقام. بمجرد أن يبدأ المستخدم معاملته الأولى ، يتم إنشاء زوج من المفتاح العام والمفتاح الخاص. يستخدم المفتاح العام لتلقي العملات المشفرة ، بينما يسمح المفتاح الخاص للمستخدم بإجراء المعاملات من حسابه. يتم تخزين كلا المفتاحين في محفظة تشفير.

بلوكتشين العامة / سلسلة الكتل الخاصة

blockchain العام هو شبكة مفتوحة تسمح لأي جهاز كمبيوتر بالمشاركة في التحقق من المعاملات. من ناحية أخرى ، تنظم سلاسل الكتل الخاصة من يمكنه الوصول إلى الشبكة ومن يمكنه المشاركة في الشبكة.

توقيع الخاتم

التوقيع الدائري هو توقيع رقمي (يمكن اعتباره أيضا عملية تشفير) يسمح لكل من المانح والمستقبل بالبقاء مجهولين من خلال منح العقد داخل الشبكة القدرة على الموافقة على المعاملات دون تحديد العقدة التي طلبت المعاملة ، وبالتالي إزالة أي أثر رقمي بين العقدتين والحفاظ على خصوصية المفاتيح وهوية المرسل والمتلقي.

بذرة / عبارة البذور

عبارة البذور قابلة للتبديل مع عبارة ذاكري. العبارات الأولية عبارة عن تسلسلات من 12 إلى 24 كلمة تحدد المحفظة وتمثلها. باستخدامه ، لا يمكنك أبدا أن تفقد الوصول إلى حساب متصل. إذا نسيتها ، فلا توجد طريقة لإعادة تعيينها أو استعادتها. أي شخص لديه عبارة البذور الخاصة بك لديه حق الوصول الكامل إلى المحفظة المتصلة ومقتنيات العملات المشفرة.

العقود الذكية

العقود الذكية هي جزء أساسي من عالم العملات المشفرة. العقد الذكي هو عقد ذاتي التنفيذ يعمل على التعليمات البرمجية. تتم كتابة شروط العقد ، وكذلك التنفيذ ، مباشرة في العقد الذكي ، وبالتالي تزيل مسألة الثقة لجميع الأطراف في المعاملة. المعاملات الصادرة بعقود ذكية لا رجعة فيها ولا يمكن تعقبها. يمكن استخدام هذه العقود ليس فقط لإدارة معاملات العملات المشفرة ، ولكن أيضا في أنظمة التصويت ، والخدمات المالية المختلفة ، وتخزين المعلومات ، وفي العديد من الصناعات الأخرى.

بركة التخزين

تجمع Staking هو مجموعة يجمع فيها أصحاب المصلحة بين قوة التخزين الحسابية الخاصة بهم من أجل زيادة قدرتهم على التحقق من صحة كتلة جديدة بنجاح. يتم الحصول على مكافأة كتلة في كل مرة يتم فيها التحقق من صحة الكتلة ، ويتم توزيع المكافآت بعد ذلك وفقا للمساهمة.

الطابع الزمني

الطابع الزمني هو جزء من كل كتلة داخل blockchain. يحتوي كل طابع زمني على اللحظة الدقيقة التي تم فيها استخراج الكتلة الخاصة به والتحقق من صحتها. هذا يساعد في تأكيد عدم العبث بالكتل.

غير مؤكده

المعاملات غير المؤكدة هي المعاملات التي لم يتم التحقق منها بعد ووضعها على blockchain.

دفاتر الأستاذ غير المصرح بها

دفاتر الأستاذ غير المصرح بها هي دفاتر الأستاذ التي ليس لها مالك واحد. الغرض من دفتر الأستاذ هذا هو السماح بجميع فوائد اللامركزية ، وأبرزها الشفافية والكفاءة والأمن.

زراعة الغلة

تعمل زراعة الغلة على تشغيل الأصول المشفرة من أجل تحقيق عوائد. تتضمن زراعة الغلة قيام المستخدمين بإقراض الأموال للآخرين من خلال العقود الذكية. في مقابل الأموال المقرضة ، تكافئ أرباح المقرض بالعملات المشفرة. أصبحت زراعة الغلة مؤخرا شائعة جدا.

شروط ومفاهيم التداول

التداول موضوع ضخم، وهذا القسم هو أفضل محاولة لضمان نجاحك كمستثمر في العملات المشفرة. فيما يلي نظرة على كل شيء قادم:

- كيفية اختيار استثمارات التشفير
- التحليل الفني
- التحليل الأساسي
- تحليل الضجيج
- قواعد الاستثمار
- المخططات
- انماط
- المؤشرات والمذبذبات
- استراتيجية الاستثمار
- شروط التداول

كيفية اختيار استثمارات التشفير

اختيار الاستثمارات الجيدة هو دائما تخمين. في كل مرة تشتري فيها استثمارا ، يقوم شخص آخر ببيعه ، وهنا يكمن الصدام المعرفي الأساسي للتداول. بغض النظر عن مدى سهولة الأمر ، فإن الاستثمار في أي فئة أصول ليس بالأمر المؤكد أبدا ، وقد ثبت ذلك مرارا وتكرارا عبر سوق الأوراق المالية والعقارات والسندات والأسهم الخاصة وما إلى ذلك.

اكتشف العديد من المتداولين هذه الحقيقة في العملات المشفرة طوال السنوات القليلة الماضية على الرغم من العوائد السحرية لأسواق العملات المشفرة على مدار العقد الماضي ، وقد ثبت أن دخول الاستثمار في العملات المشفرة بفكرة مسبقة مفادها أنه سهل أمر خطير. في المتوسط ، يميل المستثمرون في معظم فئات الأصول الرئيسية إلى أداء السوق دون المستوى ، ووجدت دراسة eToro للمتداولين اليوميين أن 80٪ خسروا أموالهم على مدار 12 شهرا. يصبح معظم المتداولين جزءا من هذه الإحصائية من خلال الإفراط في التداول ونقص المعرفة الاستثمارية المناسبة ، ويواجه جميع مستثمري العملات المشفرة ، وليس فقط المتداولين اليوميين ، هذه المزالق نفسها.

تفصل هذه الصفحات القليلة التالية وسائل التحليل الثلاث ، بالإضافة إلى قواعد التداول ، كل ذلك لزرع أساس قوي يتيح الربحية. لا يمكن التأكيد على أهمية مثل هذه المعلومات بما فيه الكفاية - فالاستثمار الصحيح مجيد تماما مثل الاستثمار الخاطئ مؤلم. خذ وقتك ، وتعلم العملية ، واستعد للنجاح.

التحليل الفني

التحليل الفني هو الانضباط الذي يتم من خلاله تمييز الحركات المستقبلية للأوراق المالية وأزواج العملات والعملات المشفرة من الأنماط التاريخية. باختصار ، التحليل الفني هو عملية الاستثمار لاستخدام التاريخ للتنبؤ بالمستقبل. التاريخ ، بدوره ، يتم تحليله من خلال مجموعة من الأنماط والمؤشرات داخل الرسوم البيانية. يتم دعم التحليل الفني من خلال عدد قليل من المقدمات المختارة ، تسمى الثلاثة الرئيسية ، والتي تملي بشكل جماعي الافتراضات الكامنة وراء التحليل الفني. كل ما يتعلق بالتحليل الفني ، مثل المؤشرات وتحليل الرسوم البيانية وحتى الأساس الكامل لشراء وبيع الأصول بناء على الأحداث التاريخية ، يعتمد على هذه البيانات.

التاريخ يميل إلى التكرار نفسها

في حين أن فكرة أن التاريخ يميل إلى تكرار نفسه قد تبدو واضحة بذاتها ، إلا أنها في الواقع مفهوم جديد تماما. لا توجد قواعد تتطلب أن تتصرف أسعار الاستثمارات بطريقة معينة ، ولا يوجد ذكاء متأصل يربط الحركة التاريخية بالحركة الحالية والمستقبلية. ومع ذلك ، فإن الأساس الكامل للتحليل الفني يتطلب أن يعيد التاريخ نفسه ، لأنه إذا أعاد التاريخ نفسه ، فيمكن التنبؤ بالتاريخ ، وإذا كان من الممكن التنبؤ بالتاريخ ، فيمكن جني الأموال. بافتراض ما سبق ، يجب أن تكون الاتجاهات لتكرار حركة السعر التاريخية بسبب التأثيرات الخارجية ، أي المستثمرين أنفسهم. يمكن إرجاع الكثير من هذا إلى سيكولوجية المستثمر وأنماط التنبؤ الذاتي ، في حين أن الكثير من الباقي يرجع إلى أنماط الاستثمار المؤسسي.

خصومات السوق كل شيء

فكرة أن السوق يخصم كل شيء ، بدلا من ذلك يصاغ على أنه "حركة السوق تخصم كل شيء" ، هي جزء من فرضية كفاءة السوق (EMH). تنص EMH على أن الأسعار (في سياقنا ، أسعار العملات المشفرة) تعكس جميع المعلومات المتاحة. توجد إصدارات مختلفة من هذه النظرية ، والتي يعتقد أنها ضعيفة وقوية وكل شيء بينهما. نظرا لأن سوق العملات المشفرة شديد التقلب ويعتمد إلى حد ما على الاتجاه من أسواق الأوراق المالية الأخرى ، فهو أقل كفاءة في السوق (بالنسبة إلى معظم) لأن الأسعار وتقلب الأسعار قد لا تعكس بدقة القيمة الحقيقية. على سبيل المثال ، عندما قام Elon Musk بالتغريد حول عملة مشفرة صغيرة الحجم وارتفع السعر خمسة أضعاف ، فإن زيادة الأسعار لم تمثل سوقا فعالا لأن القيمة الحقيقية للعملات المشفرة لم تتغير ، لكن السعر تغير.
فكرة أن السوق ليس فعالا تماما يفتح إمكانية الأسعار المقومة بأقل من قيمتها. يهدف التحليل الفني ، جزئيا ، إلى تحديد السعر المخفض (بالنسبة إلى القيمة الحقيقية) من خلال الوسائل الفنية. يهتم المحللون الفنيون بما هو أكثر احتمالا أن يحدث بالنظر إلى الحركات التاريخية أكثر مما قد يحدث بناء على المعلومات المسعرة بالفعل في الورقة المالية ، بما في ذلك التداول بناء على الأرباح والاتجاهات والضجيج.

الأسعار تتحرك في الاتجاهات

الاتجاهات هي مفهوم مهم للغاية للمحللين الفنيين. يصبح الهدف الكامل من رسم تحركات الأسعار غير شرعي ما لم يفترض المرء أن الأسعار تتحرك في الاتجاهات وأن الاتجاهات من المرجح أن تستمر أكثر من أن تنعكس.

التحليل الأساسي

التحليل الأساسي ، وسيلة أخرى لاختيار الاستثمارات ، يدور حول تحليل القيمة الحقيقية للأصل من خلال تقنيات التقييم التي تشمل التحليل الاقتصادي الشامل ، وتحليل الصناعة والقطاع ، وتحليل البيانات المالية.

نظرا لأن التحليل الأساسي يعتمد فقط على البيانات المتاحة للجمهور ، يمكن للمستثمرين العثور على استثمارات من خلال نهج من أعلى إلى أسفل أو من أسفل إلى أعلى. في نهج من أعلى إلى أسفل ، يتم النظر أولا في صحة واتجاه الاقتصاد ، يليه كل قطاع ، وأخيرا كل أصل. يختار المستثمرون الأفضل في كل مرحلة ويتدفقون للعثور على فرص مقومة بأقل من قيمتها.

يمكن أخذ هذا المفهوم من سوق الأوراق المالية وتطبيقه على التحليل الأساسي للعملات المشفرة من خلال البحث أولا في الصحة العامة لسوق العملات المشفرة ثم تحديد القطاعات المقومة بأقل من قيمتها. من هناك ، يمكن البحث عن الشركات والمشاريع المقومة بأقل من قيمتها. مثال على ذلك يذهب على النحو التالي:

أعتقد أن سوق العملات المشفرة سترتفع قيمته بناء على اتجاهات التبني الحالية.

∨

في سوق العملات المشفرة ، لدي بيانات تظهر أن المشاريع المتعلقة ب metaverse من المرجح أن ترتفع قيمتها نظرا لأن المزيد والمزيد من الشركات والأشخاص الذين أعرفهم يشاركون في AR و VR.

∨

لقد ألقيت نظرة على جميع مشاريع التشفير داخل مساحة metaverse ، وبعد إجراء مزيد من البحث ، وجدت أن الشركة الأكثر تقديرا للأقل من قيمتها هي The Sandbox (SAND).

بهذه الطريقة ، يمكن للمرء استخدام تحليل من أعلى إلى أسفل لتحديد أفضل الاستثمارات. ومع ذلك ، فإن طبيعة العملية تتطلب قدرا كبيرا من الوقت الذي يقضيه في فرز جميع أنواع البيانات ، أولا للسوق ككل ، ثم من خلال قطاعات مختلفة ، وأخيرا من خلال جميع العملات في هذا القطاع.
النهج المعاكس ، المسمى التحليل من أسفل إلى أعلى ، يحلل أولا الأصول الفردية. يمكن أن ينجح هذا لأن الاستثمار الفردي غالبا ما يتفوق على صناعته أو قطاعه بشكل عام ، لذا فإن الاعتماد على بيانات القطاع يتجاهل قيمة المشاريع ذات الأداء المتفوق داخل القطاعات ذات الأداء الضعيف.

تؤكد الفكرة الأساسية للتحليل الأساسي للعملات المشفرة أن العملات المعدنية والرموز المميزة لها قيمة جوهرية يجب أن تنعكس على السعر. لذلك ، يمكن للمرء أن يستنتج أن أي سعر أقل من هذه القيمة الحقيقية (القيمة الحقيقية ليست راكدة وتتغير مع ظهور معلومات جديدة عامة) يجعلها مقومة بأقل من قيمتها ، وأي سعر فوق القيمة الجوهرية يجعلها في ذروة الشراء والبيع. على الرغم من أن مفهوم القيمة وتحديد القيمة قد يبدو وكأنه علم دقيق (على سبيل المثال ، القيمة الحقيقية لهذا التشفير هي 20 دولارا ويتم تداولها بسعر

15 دولارا ، ومكاسب محتملة سهلة بقيمة 5 دولارات) ، فإن التحليل الأساسي هو مسألة تخمينية تماما لأن القيمة الحقيقية نفسها هي مسألة تكهنات. الفكرة المركزية هي أن جميع استثمارات التشفير إما أقل من قيمتها أو مبالغ فيها ، ومهمتك كمحلل أساسي هي تحديد الأكثر قيمة بأقل من قيمتها وشرائها وبيعها بمجرد تقييمها بشكل صحيح أو مبالغ فيها.

يقوم المحللون الأساسيون بإجراء البحوث من خلال مجموعة واسعة من المصادر ، ولكن يمكن تجميع معظم المعلومات من خلال القنوات التالية:

افرقه
المستندات التقنية
احداث
منافسة
الاداه المساعده
تحليل المشاعر
القيمة السوقية
نشاط
التقلبات
آليات التوريد

ستختتم هذه العناصر العشرة للتحليل الأساسي قسم التحليل الأساسي وتمنع الوسيلة النهائية لتحديد استثمارات التشفير الجيدة ، وهي تحليل الضجيج.
افرقه

كل عملة أو رمز مميز لديه شخص أو فريق وراءه يهدف إلى تقديم خدمة أو حل مشكلة أو بطريقة أخرى توفير فائدة وقيمة. غالبا ما تكون المعلومات المتعلقة بالفريق الذي يقف وراء الاستثمارات المحتملة مؤشرا كبيرا للنجاح على المدى الطويل. ينطبق هذا بدرجة أقل إذا كان من المفترض تنفيذ الصفقة في فترة قصيرة ؛ ومع ذلك ، حتى ذلك الحين ، فإن إجراء العناية الواجبة على الفريق يسمح بفهم أكبر للوضع العام ويوفر سياقا مهما لجميع قرارات الاستثمار.

خذ Storj ، وهو مشروع يهدف إلى إنشاء تخزين سحابي لامركزي. يتكون الفريق من ثمانين خبيرا مرموقا من خلفيات مختلفة ، والرئيس التنفيذي ، بن جولوب ، أستاذ في جامعة نورث وسترن ودرس سابقا في جامعة هارفارد. بالإضافة إلى ذلك ، وضعت الشركات الكبرى مثل Google الأموال في الفريق والمشروع. في حين أنه لا يوجد شيء هنا يضمن النجاح ، فإن الأساس المتين يزيد بشكل كبير من فرص الابتكار والنجاح على المدى الطويل.

لا يتم تشغيل بعض العملات المشفرة من قبل مجموعة مستقلة من المطورين ، بل من قبل المنظمات. كاردانو ، مثال على ذلك ، تديره ثلاث شركات: IOHK و Emergo و Cardano Foundation ، والتي بدورها يديرها قادة الصناعة ذوو السمعة الطيبة. ADA ، في الواقع ، ارتفع بنسبة 4,000٪ خلال السنوات القليلة الماضية.

المشاريع مع أشخاص ومنظمات مثل ADA و STORJ ، بالإضافة إلى العديد من الآخرين ، هي مناجم الذهب في مساحة التشفير. المشاريع التي تستمر على المدى الطويل وتستمر في بناء المنفعة وخلق القيمة هي المشاريع التي من المرجح أن تحقق نموا هائلا ومستداما ، وتستند هذه المشاريع إلى فرق مختصة ومتفانية. للبحث عن الفريق الذي يقف وراء مشروع تهتم به ، ما عليك سوى البحث حولك ، والتحقق من موقع المشروع على الويب ، وإلقاء نظرة على خلفية المديرين التنفيذيين.

المستندات التقنية

المستند التعريفي التمهيدي هو تقرير إعلامي صادر عن مؤسسة حول منتج أو خدمة أو فكرة عامة معينة. تقدم المستندات التقنية معلومات حول فكرة المشروع وتوفر جدولا زمنيا للأحداث المستقبلية. بشكل عام ، يساعد هذا القراء على فهم مشكلة ما ، ومعرفة كيف يهدف منشئو الورقة إلى حل هذه المشكلة ، وتكوين رأي قاطع حول جدوى المشروع.

هناك ثلاثة أنواع من الأوراق البيضاء تتردد على مساحة العمل: "الخلفية" ، التي تشرح خلفية منتج أو خدمة أو فكرة ، وتوفر معلومات تقنية تركز على التعليم تبيع القارئ على المفهوم. النوع الثاني من الورق الأبيض هو "قائمة مرقمة" تعرض المحتوى بتنسيق سهل الهضم وموجه نحو الأرقام. على سبيل المثال ، "10 حالات استخدام لعملة HL" أو "10 أسباب ستهيمن CM الرمزية على السوق". النوع الأخير هو المستند التقني "المشكلة / الحل" ، والذي يحدد المشكلة التي يهدف المنتج أو الخدمة أو الفكرة إلى حلها ويوفر الحل المنفذ.

تستخدم الأوراق البيضاء داخل مساحة التشفير لشرح المفاهيم الجديدة والجوانب الفنية والرؤية والخطط المحيطة بمشروع معين. سيكون لجميع مشاريع التشفير الاحترافية ورقة بيضاء ، توجد عادة على موقع الويب الخاص بهم ، وستمنحك هذه التقارير فهما أفضل لمشروع معين أكثر من أي مصدر آخر للمعلومات التي يمكن الوصول إليها.

فيما يلي بعض مواقع الويب التي تخزن الأوراق البيضاء المشفرة.

- allcryptowhitepapers.com
- cryptorating.eu/whitepapers
- coindesk.com/tag/white-papers

احداث

هناك طريقة رائعة لتحليل إمكانات العملة أو الرمز المميز ، سواء على المدى القصير أو المتوسط أو المدى الطويل ، من خلال فهم الأحداث القادمة. تقاويم أحداث التشفير الشائعة أدناه.

- كوين ماركتيكال
coinmarketcal.com/en

- كوين ايفينتس
coinevents.co

- كوينز التقويم
coinscalendar.com

تسرد مواقع الويب هذه جميع عمليات الإطلاق القادمة والشراكات والإنزال الجوي والشوك والمقايضات والأحداث البارزة الأخرى لمعظم العملات المشفرة. ببساطة ، يمكن أن يخبرك مقدار أحداث العملة القادمة ، ناهيك عن الجودة ، بالكثير عن المشروع. في المقابل ، توفر القراءة في كل حدث خطوة إلى الأمام من حيث فهم كيفية تخطيط المشروع للتطور بمرور الوقت.

نظرا لأن العملات المشفرة لا تشكل سوقا فعالا تماما ، فإن الأحداث التي تحدث بعد بضعة أسابيع أو أشهر غالبا ما لا يتم تسعيرها بالكامل في الأصل وبالتالي تمثل انفصالا عن القيمة الحقيقية. التداول فقط بناء على هذه المعلومات محفوف بالمخاطر (ولا ينصح به) ، وإذا تم القيام به على الإطلاق ، فيجب التركيز على الأحداث التي تحدث بعد شهر أو أكثر على الأقل من التاريخ الحالي. حتى ذلك الحين ، هناك مخاطرة ، لأنه إذا اشترى عدد كاف من المتداولين في وقت مبكر بما فيه الكفاية ، بقصد التخلص من يوم الحدث بعد ضخ مفترض ، يمكن أن ينهار السعر بدلا من ذلك ، بغض النظر عن نتيجة الحدث.

لذا ، قم بوزن كل هذه العوامل المتعلقة بالحدث أثناء التفكير في كيفية أو ما إذا كنت ستستثمر في عملة معدنية أو رمز مميز ، وبغض النظر ، تأكد من البقاء على اطلاع على الأحداث التي تحدث في جميع أنحاء السوق وداخل عالم الأصول التي تمتلكها.

منافسة

كما هو الحال في جميع جوانب الأعمال ، فإن المنافسة أمر لا بد منه لفهم الوضع النسبي للشركة في سوق معين. في سوق التشفير شديد التقلب ، ينطبق هذا بدرجة أكبر. هناك مساحة كبيرة داخل منافذ سوق التشفير لشركات متعددة ، وهذا يعود إلى مفهوم Big-Brother ، الذي يملي أن المشاريع التي تقدم تطورا صغيرا من مشروع أكبر آخر غالبا ما تؤدي أداء جيدا للغاية على الرغم من المنافسة الراسخة.

امثله:

- وضعت USD Coin نفسها كنسخة محسنة من Tether.
- تقدم PancakeSwap رسوما أقل من Uniswap.
- استفاد شيبا إينو من مغامرة دوجكوين.
- نما كاردانو وسولانا من خلال النظر إليهما على أنهما نسختان محسنة من Ethereum.
- استفاد Sandbox من الضجيج الذي أحدثته Decentraland.

الاداه المساعده

تعد المنفعة داخل عملة أو رمز مميز أحد أهم جوانب العناية الواجبة ، نظرا لأن فهم الغرض الحالي والطويل الأجل الذي يقود عملة أو رمزا مميزا يسمح بتحليل أكثر وضوحا للإمكانات. العملات المعدنية والرموز ذات المنفعة لها استخدامات حقيقية وعملية - فهي ليست موجودة فحسب ، بل تحل مشكلة أو تقدم خدمة. من المرجح أن تنجح العملات المعدنية ذات حالات الاستخدام الأكثر وظيفية على عكس تلك التي ليس لها غرض مستمر وحالات استخدام وابتكار. النظر في دراسات الحالة التالية:

- تعمل Bitcoin (BTC) كمخزن موثوق به وطويل الأجل للقيمة ، على غرار "الذهب الرقمي".

- يسمح Ethereum (ETH) بإنشاء dApp والعقود الذكية أعلى سلسلة Ethereum.

- يمكن استخدام Storj (STORJ) لتخزين البيانات في السحابة بطريقة لامركزية ، على غرار Google Drive و Dropbox.

- تقدم IOTA (IOTA) معاملات مجانية تماما لاستخدامها في المدفوعات اليومية الصغيرة.

- يتم استخدام رمز الانتباه الأساسي (BAT) داخل متصفح Brave لكسب المكافآت وإرسال النصائح إلى المبدعين.

- Golem (GNT) هو كمبيوتر عملاق عالمي يوفر موارد حوسبة قابلة للتأجير مقابل رموز GNT.

كل هذه العملات لها فائدة حقيقية وعملية ، ومن المرجح أن تنجح المشاريع التي لها فائدة وتعمل على تحسين المنفعة باستمرار على المدى الطويل. تأكد من التفكير في كيفية لعب الفرق ، كما ذكرنا حتى الآن ، في المنفعة.

تحليل المشاعر

تحليل المشاعر هو فن معرفة ما يعتقده الآخرون. يعد فهم المشاعر تجاه شخص أو علامة تجارية أو عملة معدنية أو رمز مميز أو اتجاه وما إلى ذلك معلومات مفيدة لأن الزخم الاجتماعي غالبا ما يتنبأ بالاتجاهات.

اليوم ، يمكن للبرنامج تحليل مواقع التواصل الاجتماعي والإنترنت الأوسع للمشاعر (على سبيل المثال ، تحديد كمية الكلمات الإيجابية مقابل السلبية في التغريدات التي تذكر "Bitcoin" في ال 24 ساعة الماضية) وتجميع هذه المعلومات في سير عمل مبسط. يمكنك أيضا إجراء البحث الخاص بك عن طريق التمشيط من خلال مواقع الويب أو ببساطة قراءة عناوين المقالات.

فيما يلي العديد من الأدوات (وكلها مجانية) التي يمكن استخدامها لفهم المشاعر في السوق بأكمله أو مجتمع الاستثمار بأكمله أو الأصول الفردية.

- مؤشر الخوف والجشع المشفر
/alternative.me/crypto/fear-and-greed-index

- مؤشر الثيران والدببة
augmento.ai/Bitcoin-sentiment

- سانتيمنت
app.santiment.net

القيمة السوقية

تمثل القيمة السوقية ، وهي اختصار للقيمة السوقية ، القيمة الإجمالية للعملة المشفرة. توفر القيمة السوقية معلومات عن التقلبات والاتجاه الصعودي المحتمل ومجموعة من العوامل الأخرى التي تؤثر على قرارات الاستثمار.

للعثور على القيمة السوقية لعملة أو رمز مميز ، اضرب السعر في إجمالي عدد الوحدات. على سبيل المثال ، العملة المشفرة التي يبلغ تداولها 1،000،000 قطعة نقدية وسعر 10 دولارات لكل عملة لها قيمة سوقية تبلغ 10 ملايين دولار. فيما يلي بعض معادلات القيمة السوقية الأخرى:

الهيليوم (HNT)
18 دولارا (السعر) × 77,995,503 (العرض) = 1,403,919,054 دولارا (القيمة السوقية)

عملة بينانس (BNB)
475 دولارا × 154,532,785 = 73,403,072,875 دولارا أمريكيا

ضع في اعتبارك أن كلا طرفي المعادلة (عدد الوحدات والسعر) تعسفيان بدون الآخر.

مقاييس النشاط

تساعد مقاييس النشاط في تحديد الاستخدام ، وكذلك كيفية ظهور هذا الاستخدام. تجسد ثلاثة مقاييس رئيسية النشاط: الحجم والعناوين النشطة والتقلب.

الأول هو حجم التداول ، وعادة ما يطلق عليه فقط "الحجم". الحجم هو عدد العملات المعدنية أو الرموز المميزة المتداولة خلال إطار زمني محدد. من خلال فهم الحجم ، يمكن فهم المعلومات الأخرى حول العملة ، مثل الشعبية والتقلب والمنفعة وما إلى ذلك ، بشكل أفضل. فيما يلي بعض المواقع التي توفر معلومات سهلة ومجانية حول الحجم:

- كوين ماركتكاب
  coinmarketcap.com

- كوين جيكو
  coingecko.com

- ياهو المالية التشفير
  finance.yahoo.com

المقياس الثاني هو العناوين النشطة ، وهو عدد العناوين الفريدة التي تشارك في معاملة ناجحة واحدة أو أكثر خلال إطار زمني معين ومعلمات معينة تحدد "نشطة". يمكن اعتباره عدد الأشخاص الذين يتداولون بنشاط في جميع أنحاء المحيط البيئي للعملات المشفرة ، بغض النظر عن مقدار تداولهم. يلعب فهم العناوين النشطة المتعلقة بالبيانات التاريخية جزءا مفيدا من فهم اتجاهات التبني الإجمالية لأصل معين. عند البحث عن عناوين نشطة، اختر معلمات النشاط ذات الصلة، مثل النشاط في العناوين التي يزيد رصيدها عن 1 مليون دولار (لمعرفة ما إذا كانت الحسابات الكبيرة تشتري أو تبيع). تحقق من عدد العناوين النشطة على شبكة Bitcoin هنا:

- جلاسنود ستوديو
  studio.glassnode.com/metrics?a=BTC&m=addresses.ActiveCount

مقياس النشاط النهائي هو التقلب. التقلب هو السبب في أن الكثير من الناس لا يدخلون سوق العملات المشفرة وأيضا لماذا يفعل الكثيرون ؛ إنه يخلق الثروات والإفلاس ، وقد زاد إلى حد كبير من وصمة العار المحيطة بالعملات المشفرة. التقلب هو مقياس للانحراف: مدى سرعة ومدى تكرار ومقدار اختلاف الأسعار. ببساطة ، إنه حجم التغيير. عادة ما يتم حساب التقلب من خلال الانحراف المعياري ، وعادة ما يسبق نشاط التقلب غير المعتاد الاختراقات ، سواء في الاتجاه الصعودي أو الهبوطي.

تعرف فئات الأصول المختلفة بمستويات معينة من التقلبات ، وهذا ، في أكثر الأحيان ، هو السبب أو لماذا لا يدخل المستثمر في استثمار معين. فيما يلي نظرة على العديد من فئات الأصول المختلفة:

اواصر
نقد
العملات الرقمية
عقار
الارصده

بالنظر إلى القائمة أعلاه ، سأعيد ترتيب فئات الأصول هذه وفقا للتقلبات (من الأقل إلى الأكثر).[1]

نقد
اواصر
عقار
الارصده
العملات الرقمية

لذلك ، فإن النقد لديه مقياس منخفض جدا من التقلبات والأشخاص الذين يحتفظون بنسبة كبيرة من رأس مالهم نقدا يكرهون المخاطرة بشكل عام. العقارات أكثر تقلبا من النقد ، لذلك يجب أن يكون الأشخاص الذين يدخلون في العقارات أكثر راحة مع المخاطر. يحمل سوق الأسهم (خاصة مناطق معينة من السوق ، مثل الأسهم والخيارات الصغيرة) مستويات أعلى من المخاطر مقارنة بالعقارات ، بينما تحتل العملة المشفرة الصدارة.

قد تلاحظ أنه إذا تم إعادة ترتيب القائمة لقياس متوسط العائد من الأصغر إلى الأكبر ، فستظل كما هي. وذلك لأن العوائد ترتبط عموما بالمخاطر ، والمقياس الرئيسي للمخاطر المتصورة هو التقلبات. عادة ما يكون أداء المستثمرين الذين يكرهون المجازفة أسوأ بكثير من أداء المستثمرين المجازفين طوال فترة الازدهار الصناعي والاقتصادي ، ولكن غالبا ما يكون أداؤهم أفضل خلال فترات الركود وانعكاسات السوق.

بشكل عام ، يساعد فهم تقلبات ومخاطر بعض الاستثمارات في تطوير استراتيجية طويلة الأجل تناسب أسلوبك وأهدافك الاستثمارية. بعض الناس مرتاحون لمزيد من التقلبات ، والبعض الآخر مع أقل ، وفي كلتا الحالتين ، هذا جيد. فقط قم بالقيام بأبحاثك و hodl.[2]

---

[1] ضع في اعتبارك ما يلي قائمة معممة لتقلبات السوق الكلية التي تستبعد التقلبات الخاصة بالأصول.
[2] HODL هو مصطلح شائع يستخدم في التشفير وهو اختلاف في كلمة "احتفاظ" ويعني نفس الشيء. أدرج هذا للإشارة إلى أنه في الأسواق المتقلبة ، غالبا ما يكون من الأفضل الاحتفاظ بها على المدى الطويل بدلا من اتخاذ قرارات بيع قصيرة الأجل.

آليات التوريد

آليات التوريد هي العمليات التي يتم من خلالها تعريف العرض وإضافته وإزالته من التداول. فيما يتعلق بالعملات المشفرة ، يتعلق العرض بعدد العملات المعدنية أو الرموز الموجودة والتي ستكون موجودة ، وكذلك كيفية إضافة هذه العملات أو الرموز المميزة أو إزالتها من التداول. تحلل الصفحات التالية مفاهيم الحد الأقصى للعرض والعرض المتداول وبعد ذلك تدرس عدة أنواع مختلفة من آليات التوريد ، كل ذلك من أجل الوصول إلى فهم كامل لكيفية تأثير آليات التوريد على قرارات الاستثمار.

الحد الأقصى للإمداد

الحد الأقصى للعرض هو الحد الأقصى لعدد العملات التي يمكن أن توجد على الإطلاق لعملة مشفرة. يتم تحديد الحد الأقصى للعرض أو عدم وجوده مسبقا، وأبرز مثال على ذلك هو حد عملة البيتكوين البالغ 21 مليون عملة. تضيف بعض العملات المعدنية، مثل Bitcoin، المزيد من العملات المعدنية إلى الشبكة بمرور الوقت حتى يتم الوصول إلى الحد الأقصى للعرض، بينما يبدأ البعض الآخر بأقصى عرض لها ولا يزال البعض الآخر لا يحتوي على حد أقصى للعرض. بمجرد الوصول إلى الحد الأقصى للعرض، لن يتم شراء المزيد من العملات المعدنية. تصل عملات العرض الثابت إلى هذا الحد من خلال "معدل الإصدار" الذي يحدد تدفق العملات المعدنية الجديدة وعادة ما ينخفض بمرور الوقت. على عكس هذه العملية، فإن بعض العملات المعدنية، بما في ذلك Ethereum (ETH)، لها معدل إصدار محدد ولا يوجد حد أقصى للعرض.

لفهم العملة المشفرة تماما، قد ترغب في التحقق من الحد الأقصى للعرض، بالإضافة إلى العرض المتداول. يمكن القيام بذلك من خلال مواقع التشفير الشهيرة مثل coinmarketcap.com و coingecko.com. يمكن العثور على مزيد من المعلومات حول الرموز المميزة للعملة المشفرة عادة على موقع المشروع.

تعميم العرض

العرض المتداول هو العدد الإجمالي للعملات المعدنية أو الرموز المتاحة للجمهور. في بعض الحالات ، مثل Bitcoin ، سيزداد العرض المتداول حتى يتم الوصول إلى الحد الأقصى للعرض البالغ 21 مليون قطعة نقدية. في حالات أخرى ، ينخفض عدد العملات المتداولة ، غالبا من خلال عملية الحرق ، وبالتالي يجب أن تزيد القيمة الجوهرية للأصل (على افتراض أن جميع المتغيرات الأخرى ثابتة) حيث سيتوفر عدد أقل وأقل. لذا ، فإن العرض المتداول هو العدد الحالي للعملات القابلة للتداول ، ويمكن أن يزيد عدد العملات القابلة للتداول أو ينقص بمرور الوقت.

التوريد الثابت - الأصول الانكماشية

تحد العملات المشفرة ذات العرض الثابت خوارزميا من المعروض من العملات. Bitcoin هو أحد أصول العرض الثابت حيث لا يمكن إنشاء عملات معدنية إضافية بمجرد طرح 21 مليون في التداول. حاليا ، تم تعدين ما يقرب من 90٪ من عملات البيتكوين ، ويتم فقدان حوالي 0.5٪ من إجمالي العرض سنويا. نتيجة للانخفاض إلى النصف (سيتم تغطيته قريبا) ، ستصل Bitcoin إلى الحد الأقصى للعرض حول 2140. تعمل العديد من العملات المشفرة الأخرى (التي يتم الحصول عليها من cryptoli.st) مثل Binance Coin (BNB) و Cardano (ADA) و Litecoin (LTC) و ChainLink (LINK) بإمدادات ثابتة مماثلة.

الفائدة الأكثر وضوحا لنموذج العرض الثابت هي أن هذه الأنظمة انكماشية. الأصول الانكماشية هي الأصول التي ينخفض فيها إجمالي العرض بمرور الوقت ، وبالتالي تزداد قيمة كل وحدة. لتوضيح ذلك ، لنفترض أنك تقطعت بك السبل في جزيرة صحراوية مع عشرة أشخاص آخرين ، وكل شخص لديه زجاجة مياه واحدة. عندما يشرب الناس مياههم ، يمكن أن ينخفض إجمالي المعروض من مائة زجاجة فقط. هذا يجعل الماء أصلا انكماشيا. مع انخفاض إجمالي العرض ، تصبح كل زجاجة أكثر قيمة بشكل متزايد. قل ، الآن ، لم يتبق سوى عشرين زجاجة مياه. تبلغ قيمة كل زجاجة من زجاجات المياه العشرين ما كانت عليه خمس زجاجات مياه ذات مرة منذ أن انخفض إجمالي العرض بمقدار خمسة. وبهذه الطريقة، يشهد حاملو الأصول الانكماشية على المدى الطويل زيادات في قيمة حيازاتهم لأن القيمة الأساسية نسبة إلى الكل قد ارتفعت. على سبيل المثال ، في بداية محاكاة زجاجة الماء ، كانت زجاجة واحدة من أصل 100 1٪ من إجمالي العرض ، بينما بحلول النهاية كان 1 من أصل 20 5٪ من إجمالي العرض ، مما يجعل كل زجاجة تستحق 500٪ أكثر. وبهذه الطريقة ، فإن العرض الثابت والنموذج الانكماشي ، مثل الذهب الرقمي ، سيزيد من القيمة الأساسية لكل عملة أو رمز مميز بمرور الوقت ويخلق قيمة من خلال الندرة.

ماذا يحدث عندما تكون جميع العملات في التداول؟

عندما يتم الوصول إلى الحد الأقصى ، ويتم تعدين جميع العملات المعدنية ، يجب أن يكون نظام المكافآت (على وجه التحديد من Bitcoin وكذلك معظم العملات الأخرى التي تستخدم أنظمة مماثلة) لأن عمال المناجم لن يكونوا قادرين على كسب التشفير مباشرة من خلال التحقق من صحة المعاملات وإضافة كتل إلى blockchain. الحل لهذه المشكلة هو ببساطة التحول إلى نظام قائم على الرسوم يدفع فيه المستخدمون رسوما مباشرة إلى عمال المناجم جنبا إلى جنب مع كل معاملة.

توريد غير محدود – الأصول التضخمية

تزداد قيمة كل وحدة من الأصول الانكماشية نسبة إلى إجمالي العرض بمرور الوقت مع انخفاض إجمالي العرض. مع الأصول التضخمية ، تدخل الأموال الجديدة إجمالي العرض المتداول وتتسبب في فقدان جميع الأموال الأخرى لقيمتها. العودة إلى سيناريو الجزيرة حيث عشرة أشخاص لديهم عشر زجاجات مياه لكل منهم. افترض أنه تم اكتشاف رواد الجزيرة الذين تقطعت بهم السبل ، وأن طائرة ستحلق فوق الجزيرة وتوصل عشرين زجاجة مياه يوميا حتى يمكن إنقاذ المجموعة. سيحصل كل شخص بعد ذلك على زجاجتي مياه يوميا ، أي ما يعادل 20٪ من إجمالي إمداداته. في غضون 30 يوما ، سيكون إجمالي العرض (تجاهل الماء في حالة سكر) عند سبعمائة زجاجة مياه ، مما يعني أن كل زجاجة تمثل 0.14٪ من إجمالي العرض مقابل 1٪ الأصلية. هذا انخفاض 7 أضعاف في القيمة ويعكس تأثير التضخم المستمر.

نفس رأس المال ينتقل إلى الأوراق المالية والعملات المشفرة ؛ العديد من العملات لديها عرض غير محدود وتجربة التضخم نتيجة لذلك. العملات الشائعة التي تستخدم نموذج إمداد غير محدود هي Ethereum (ETH) و Dogecoin (DOGE) والعديد من العملات الأخرى.

بعد كل ما قيل ، فإن نموذج العرض غير المحدود ليس قوة مدمرة بالفطرة بسبب التضخم - على الأقل من حيث القيمة ، وإن لم يكن بالتأكيد لرواد جزيرتنا. ضع في اعتبارك Ethereum (ETH) ، التي لديها إمدادات غير محدودة. يتم استخراج ثمانية عشر مليون إيثر سنويا ، وهو ثابت محدد. بالنظر إلى مقدار لا حصر له من الوقت ، يمكن إنتاج عدد لا حصر له من العملات المعدنية. ومع ذلك ، نظرا لأن الإضافات الثمانية عشر مليون تظل كما هي بينما يزداد إجمالي العرض ، يجب أن ينخفض التضخم بمرور الوقت. لتصور ذلك ، إذا كان هناك 250 مليون عملة Ethereum ، فإن التضخم يبلغ 7.2٪ ، لأن 250/18 هو 0.072. ومع ذلك ، في غضون عشر سنوات ، عندما تم سك 180 مليون قطعة نقدية جديدة وبلغ إجمالي العرض 430 مليون ، يتم إنتاج نفس العدد من العملات المعدنية (ثمانية عشر مليونا) ، مما أدى إلى انخفاض التضخم إلى 4٪. عشر سنوات أخرى على الطريق والتضخم عند 2.9٪ ، وبعد عشرين عاما من ذلك ، انخفض إلى 1.8٪. بهذه الطريقة ، ينخفض التضخم بمرور الوقت. لذلك ، في حين أن التضخم لا يزال موجودا بالتأكيد للعملات المعدنية ذات الإمدادات غير المحدودة ، فإن معدل التضخم ينخفض بمرور الوقت. بالإضافة إلى ذلك ، فإن كمية صغيرة من التضخم جيدة للاقتصاد ، لأنها تجبر الناس على إنفاق الأموال أو استخدامها بطريقة أخرى حتى لا تفقد تلك الأموال القوة الشرائية.

لذلك ، في حين أن معظم العملات المشفرة لديها عرض محدود ومعظم المستثمرين يحبون فكرة الأصول الانكماشية ، لا النماذج المحدودة أو غير المحدودة تتفوق على البديل. كما هو الحال دائما ، يجب عليك إجراء البحث وفهم ما ستدخل فيه ، وبينما يجب أن تكون آليات التوريد عاملا في قرارك بالتأكيد ، إلا أنها لا ينبغي أن تكون العامل الحاسم.

مُحرق

يشير مصطلح "محترق" إلى إزالة العملات المعدنية نهائيا من التداول. الحرق هو آلية إمداد تمكن من إخراج العملات المعدنية من التداول ، وبالتالي تعمل كأداة انكماشية ، وبالتالي تزيد من قيمة كل عملة أخرى في الشبكة ، تماما مثل إعادة شراء الشركات في سوق الأوراق المالية (حيث يتم سحب الأسهم من السوق).

يمكن أن يتم الحرق بعدة طرق مختلفة: الأكثر شيوعا ينطوي ببساطة على إرسال كمية معينة من العرض إلى محفظة يتعذر الوصول إليها ، والتي تسمى "عنوان الآكل". في هذه الحالة ، على الرغم من أن الرموز المميزة لم تتم إزالتها تقنيا من إجمالي العرض ، فقد انخفض العرض المتاح بشكل فعال. حاليا ، تم فقدان حوالي 3 ملايين بيتكوين (200+ مليار من القيمة) من خلال هذه العملية.

يمكن أيضا حرق الرموز المميزة من خلال وظائف الحرق في بروتوكولات الحوكمة ، ولكن الخيار الأكثر شيوعا هو من خلال عناوين الآكل المذكورة. كما هو الحال مع النصف ، (أدناه مباشرة) تخلق الندرة قيمة ، والحرق ، من الناحية النظرية ، يزيد من الندرة وبالتالي القيمة.

خفض

النصف هو آلية توريد تحكم المعدل الذي تتم به إضافة العملات المعدنية إلى عملة مشفرة ثابتة العرض. تم تعميم الفكرة والعملية بواسطة Bitcoin ، والتي تنخفض إلى النصف كل 4 سنوات. يتم تشغيل النصف من خلال تخفيض مبرمج لمكافآت الكتلة ، وهي المكافآت الممنوحة لعمال المناجم الذين يعالجون ويتحققون من صحة المعاملات في شبكة blockchain معينة. من عام 2016 إلى عام 2020 ، كسبت أجهزة الكمبيوتر (تسمى العقد) في شبكة Bitcoin بشكل جماعي 12.5 بيتكوين كل 10 دقائق ، وكان هذا هو عدد عملات البيتكوين التي تدخل التداول. ومع ذلك ، بعد 11 مايو 2020 ، انخفضت المكافآت إلى 6.25 بيتكوين في نفس الإطار الزمني. وبهذه الطريقة ، مقابل كل 210000 كتلة يتم تعدينها ، وهو ما يعادل كل أربع سنوات تقريبا ، ستستمر مكافآت الكتلة في الانخفاض إلى النصف حتى يتم الوصول إلى الحد الأقصى البالغ 21 مليون قطعة نقدية في حوالي عام 2140.

وبالتالي ، فإن خفض قيمة البيتكوين إلى النصف يزيد من قيمة البيتكوين عن طريق تقليل العرض مع عدم تغيير الطلب. الندرة ، كما ذكرنا ، تدفع القيمة ، والعرض المحدود جنبا إلى جنب مع الطلب المتزايد يخلق ندرة أكبر وأكبر. لهذا السبب ، أدى التنصيف تاريخيا إلى ارتفاع سعر البيتكوين ومن المحتمل أن يكون محفزا للنمو على المدى الطويل.

تحليل الضجيج

تحليل الضجيج ليس مصطلحا شائع الاستخدام في عالم التشفير الأوسع ، ولكنه مصطلح يصف بشكل كاف الظاهرة التي تحلل اتجاهات "الضجيج" في العالم الحقيقي. ربما إلى حد أكبر من أي أدوات استثمارية كبيرة أخرى ، فإن سوق التشفير مدفوع بالضجيج والاتجاهات.

قد يكون Elon Musk هو المثال الرئيسي على ذلك ، حيث تشتهر تغريداته حول العملات المشفرة بالتأثير على سعر الموضوع ، سواء بطريقة إيجابية أو سلبية. قام ماسك ذات مرة بتغريد كلمة "Doge" فقط ، واستمر سعر Dogecoin (DOGE) في التحرك من 0.036 دولار إلى 0.082 دولار خلال الأيام الخمسة التالية ، بزيادة 220٪.

في حين أن هذا لا أساس له من الصحة في الغالب ، فإن الفئات الفرعية في سوق التشفير ، مثل DeFi و FinTech و Gaming Coins و Web 3.0 والعديد من الفئات الأخرى ، غالبا ما تنفجر دفعة واحدة وتتسبب في أن تشهد معظم العملات المعدنية داخل هذه المناطق طفرات هائلة وإيجابية. بهذه الطريقة ، وغيرها ، يعد التداول على الاتجاهات والضجيج استراتيجية سليمة ، من الناحية التاريخية وفقط إذا تم القيام بها بشكل صحيح. على الرغم من أنني لا أنصح بذلك بالضرورة ، إذا تم القيام به بشكل صحيح ، فإن السماء هي الحد الأقصى.

تبدأ الاتجاهات عادة في البيئات الاجتماعية والقائمة على المشاعر ، ويجب أن تكون هذه هي المساحة المؤكدة فيما يتعلق باتجاهات المصادر. مثل هذا النشاط هو في الحقيقة مجرد توقع للزخم الاجتماعي ، ويبدأ الزخم الاجتماعي إلى حد كبير على المنصات الاجتماعية. المنصات الاجتماعية ، بدورها ، تنشر المعلومات في جزء كبير منها من خلال المشاعر (العاطفة) بدلا من التحليل القائم على المنطق. عادة ما تكون القيمة الأساسية وراء الاتجاهات موجودة ، ولكن غالبا ما يتم تفجيرها بشكل غير متناسب بسبب المشاعر.

في السنوات الأخيرة ، كانت ذروة هذا هو subreddit WallStreetBets والعديد من الضغوط القصيرة التي يسببها WSB ، بالإضافة إلى تغريدات Elon Musk في مساحة التشفير. في كلتا الحالتين ، نشأت الاتجاهات عبر الإنترنت ، واستندت إلى درجة معينة من القيمة الأساسية ، ثم تم تفجيرها بشكل غير متناسب مع الزخم الاجتماعي.
لذا ، فإن مسألة اتجاهات المصادر هي مسألة تحديد الزخم الاجتماعي قبل حدوثه. غالبا ما تأتي البصيرة من هذا النوع من خلال إبقاء أذنك على الأرض عبر مجتمعات التشفير والمؤثرين على منصات متعددة (بشكل أساسي YouTube و Twitter و Reddit و Discord و Instagram و TikTok).

لا تحتاج إلى التنبؤ بالاتجاهات قبل حدوثها ، تماما كما تحدث ، وقبل ذروة الشعبية. هذه هي الطريقة الأكثر أمانا (وليس أن مثل هذه الاستراتيجية آمنة) للوصول إلى الاتجاهات. ليس من خلال محاولة التنبؤ بها ،

ولكن عن طريق الركوب. العوائد ليست هي نفسها (بالنسبة لكونها مبكرة للغاية للاتجاه) ، ولكن المخاطر تقل بنفس القدر.

قواعد الاستثمار

يهدف تنفيذ إرشادات الاستثمار الثابت إلى التغلب على اللاعقلانية ومنع اتخاذ القرارات السيئة ، خاصة نتيجة لوجهات النظر الذاتية والقرارات العاطفية. على النحو التالي:

- لا شيء يدوم إلى الأبد
- لا ، كان ينبغي ، يمكن أن يكون
- لا تكن عاطفيا
- نوع
- الأسعار لا تهم

لا شيء يدوم إلى الأبد

فقط عند عرض هذا الرسم البياني البسيط للبيتكوين على مدار السنوات الخمس الماضية (تجري هذه الكتابة في عام 2022) ، من السهل أن نرى أنه لم تستمر أي حالة سوق لأي فترة زمنية مهمة. عادة ما تتبع فترات الصعود اتجاهات هبوطية حادة ، في حين أن دورات السوق التاريخية لفئات الأصول المماثلة تلمح إلى أن معظم العملات المشفرة لن تكون موجودة على نطاق واسع في غضون بضعة عقود.[3] لا توجد حالة سوق دائمة، ولن يزدهر أي أصل بشكل دائم، والأداء الأوسع لاقتصادات الدول القومية متغير. لم يذكر أن هذا هو الانخفاض ، بل لنقل قيمة الانفصال عن FOMO و JOMO على المدى القصير والفوائد التي يمكن الحصول عليها من فهم كل من الدورات قصيرة الأجل وطويلة الأجل في الأصول والأسواق.[4]

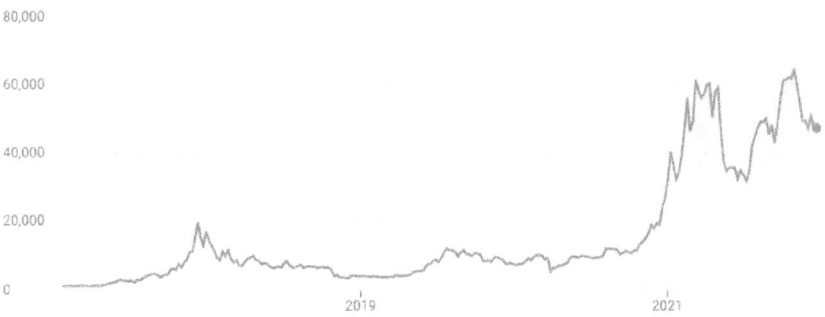

---

[3] على الأرجح نتيجة لبعض أحداث التصفية مثل تعطل dot-com.
[4] الخوف من الضياع والفرح من الضياع. في هذه الملاحظة ، أوصي بكتاب راي داليو *"النظام العالمي المتغير"* كقراءة رائعة للدورات الاقتصادية للدولة القومية.

لا ، كان ينبغي ، يمكن أن يكون

هذه القاعدة مأخوذة من تاجر الأسهم الأسطوري ومضيف برنامج Mad Money ، جيم كرامر. يتم تمثيل الفكرة من خلال لا ، لا ينبغي أن يكون ، ولا يمكن أن يكون. عندما لا يتم الاستثمار كما هو متوقع (والكثير بالتأكيد سيفعل) ، خذ بضع دقائق للتفكير في كيفية التعلم والتحسين. بعد تلك الدقائق القليلة ، لا تفكر فيما كنت *ستفعله* ، أو ما كان يجب عليك *فعله* ، أو ما كان *يمكنك* فعله. يتيح القيام بذلك مجالا للتفكير والتحسين مع الحفاظ على العقل في نفس الوقت. لا تضغط على نفسك بشأن الخسائر ، ولا تدع الانتصارات تصل إلى رأسك.

لا تكن عاطفيا

العاطفة هي نقيض التداول القائم على التحليل. العاطفة ، في أكثر الأحيان ("لا" ببساطة بسبب الحدوث العشوائي لاتخاذ قرار جيد من خلال عملية سيئة) ، ستؤذيك فقط وتأخذ من استراتيجية الاستثمار الخاصة بك. بعض الناس مرتاحون بشكل طبيعي للمخاطر والأفعوانية العاطفية للاستثمار ، خاصة في الأصول المتقلبة. إذا لم تكن كذلك ، فمن الأفضل تعديل استراتيجية الاستثمار الخاصة بك لتناسب الشخصية.

في حين أن كل هذا قد يبدو مبالغا فيه قليلا ، ما عليك سوى الانتظار حتى تدخل في موقف محفوف بالمخاطر وتحاول النوم ، أو الأسوأ من ذلك كله ، البيع مباشرة قبل مضخة ضخمة. فتق.

نوع

التنويع يقاوم المخاطر. بينما تفترض وتبحث على الأرجح عن مستوى معين من المخاطر (بسبب ارتباط المخاطر والمكافأة إلى حد كبير) من خلال الاستثمار في العملات المشفرة ، فهناك بالتأكيد درجة من المخاطرة لا ترغب في تحملها. يساعدك التنويع على البقاء ضمن الحد الأقصى للمخاطر.

بشكل عام ، يجب على المستثمرين في مجال التشفير الاحتفاظ بمحفظة متنوعة إلى حد ما ، بغض النظر عن مقدار الاعتقاد الذي قد يكون في مشروع معين. يجب تقسيم تخصيص الأموال (عادة) بين بدائل Bitcoin أو Ethereum أو ETH (مثل Cardano و Solana) والعديد من العملات البديلة ، إلى جانب بعض النقود. بينما تختلف النسب المئوية الدقيقة اعتمادا على الموقف الفردي (10/30/25/35 ، 5/10/25/60 ، 20/40/20/20 ، إلخ) ، فإن الاستثمار بطريقة متنوعة عبر جوانب مختلفة من سوق العملات المشفرة هو طريقة مستدامة للاستثمار ، والتقاط المكاسب في جميع أنحاء السوق ، وتقليل تأثير الاستثمارات السيئة.

ومع ذلك ، كل ما قيل ، فإن سوق التشفير غير مسبوق إلى حد ما. يضع بعض المتداولين معظم أموالهم في العملات البديلة ذات رؤوس الأموال الصغيرة ، بينما يكلف البعض الآخر متوسط سعر البيتكوين بالدولار ولا يلمسون أي شيء آخر. في نهاية اليوم ، ضع استراتيجية تناسب وضعك ومواردك وشخصيتك ، ثم قم بالتنويع ضمن حدود تلك الاستراتيجية.

الأسعار لا تهم

وبالنظر إلى أنه يمكن تحديد العرض والسعر الأولي على حد سواء، فإن السعر نفسه غير ذي صلة إلى حد كبير بدون سياق. فقط لأن عملة Binance بسعر 500 دولار، و Ripple بسعر 1.80 دولار لا يعني أن BNB تساوي 277 ضعفا من قيمة XRP. بدلا من ذلك، تقع العملتان حاليا في حدود 10٪ من القيمة السوقية لبعضهما البعض.

عندما يتم إنشاء عملة مشفرة لأول مرة، يتم تعيين العرض من قبل الفريق الذي يقف وراء الأصل. قد يختار الفريق إنشاء 1 تريليون قطعة نقدية، أو 10 ملايين. لذلك، بالنظر إلى XRP و BNB، يمكن ملاحظة أن Ripple لديها ما يقرب من 45 مليار قطعة نقدية متداولة، و Binance Coin لديها 150 مليون. بهذه الطريقة، لا يهم السعر حقا. يمكن أن تساوي العملة المعدنية بسعر 0.0003 دولار أكثر من عملة معدنية بسعر 10,000 دولار من حيث القيمة السوقية أو العرض المتداول أو الحجم أو المستخدمين أو المنفعة.

السعر أقل أهمية بسبب ظهور الأسهم الكسرية، مما يتيح للمستثمرين استثمار أي مبلغ من المال في عملة معدنية أو رمز مميز بغض النظر عن السعر. لذلك، بينما لا يزال السعر نصف معادلة القيمة السوقية (السعر لكل وحدة × عدد الوحدات = القيمة السوقية)، يمكن تعيين النصف الثاني من المعادلة من البداية. يجب مراعاة الكثير من المقاييس الأخرى قبل السعر، ويجب ألا يؤثر السعر المطلق في قرارات الاستثمار.

المخططات

تشكل الرسوم البيانية الأساس الذي يمكن من خلاله فحص السعر والعثور على الأنماط. الرسوم البيانية ، على مستوى واحد ، بسيطة ، وعلى مستوى آخر ، عميقة ومعقدة. لتطوير فهم شامل للمخططات ، سنبدأ بعدة أنواع مختلفة. على النحو التالي:

- مخطط خطي
- مخطط الشموع اليابانية
- مخطط رينكو
- مخطط النقاط والشكل
- مخطط هايكن آشي

مخطط خطي

المخطط الخطي هو مخطط يمثل السعر من خلال سطر واحد. معظم المخططات عبارة عن مخططات خطية لأنه على الرغم من أنها تحتوي على معلومات أقل من البدائل الشائعة ، إلا أنها سهلة الفهم للغاية. تقوم Robinhood و Coinbase (وكلاهما يستهدف خدماتهما تجاه المستثمرين الأقل خبرة) بتعيين المخططات الخطية كنوع مخطط افتراضي ، بينما تستخدم المؤسسات التي تستهدف جمهورا أكثر خبرة ، مثل Charles Schwab و Binance ، نماذج مخططات أخرى.

مخطط الشموع اليابانية

تعد مخططات الشموع اليابانية شكلا أكثر فائدة لعرض المعلومات حول العملة وهي الرسم البياني المفضل لمعظم المستثمرين. خلال فترة معينة ، تحتوي مخططات الشموع اليابانية على "جسم حقيقي" عريض وقد تكون حمراء أو خضراء (نظام الألوان الشائع الآخر فارغ ومملوء بأجسام حقيقية). إذا كان أحمر (مملوء) ، كان الإغلاق أقل من الفتح (بمعنى أنه انخفض). إذا كان الجسم الحقيقي أخضر (فارغ) ، كان الإغلاق أعلى من الفتح (بمعنى أنه ارتفع). فوق وتحت الأجسام الحقيقية توجد "الفتائل" المعروفة أيضا باسم "الظلال". تظهر الفتائل الأسعار المرتفعة والمنخفضة لتداول الفترة.

لذلك ، بدمج ما نعرفه ، إذا كان الفتيل العلوي (المعروف أيضا باسم الظل العلوي) قريبا من الجسم الحقيقي ، فإن ارتفاع العملة أو الرمز المميز الذي تم الوصول إليه خلال اليوم يكون بالقرب من سعر الإغلاق ، والعكس ينطبق أيضا. ستحتاج إلى فهم قوي لمخططات الشموع اليابانية ، وتعد الخدمات مثل TradingView (tradingview.com) طريقة رائعة للراحة.

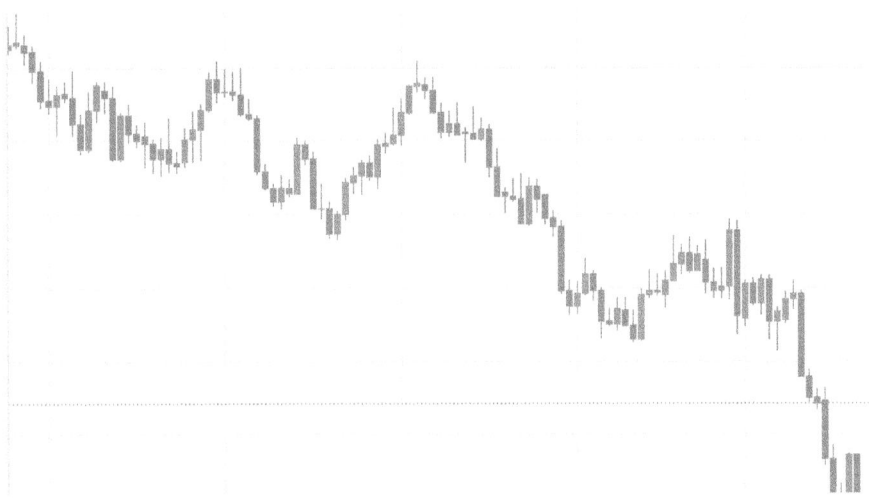

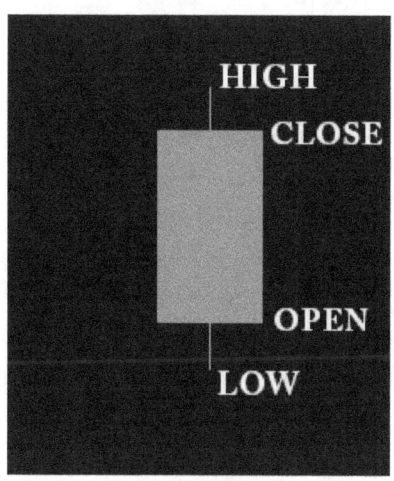

* عادة ما يتم إقران الشموع باللون الأحمر (لأسفل) والأخضر (لأعلى) أو مملوءة (لأسفل) وفارغة (لأعلى). على سبيل المثال ، هذه الشمعة خضراء (تدرج الرمادي جانبا) ، مما يعني أنها تمثل حركة سعر صعودية. لاحظ أن مستويات "الفتح" و "الإغلاق" تنعكس بالترتيب على الشموع الهابطة (الحمراء أو المملوءة) لأن هذه الشموع تبدأ أقل مما فتحت ، في حين أن العكس صحيح بالنسبة للشموع الصاعدة (الخضراء أو الفارغة).

مخطط رينكو

تظهر مخططات رينكو حركة السعر فقط وتتجاهل الوقت والحجم. يأتي رينكو من المصطلح الياباني "renga" ، والذي يعني "الطوب". تستخدم مخططات رينكو الطوب (ممثلة كمربعات) ، عادة في نظام ألوان الأحمر / الأخضر أو الأبيض / الأسود. تتشكل مربعات رينكو فقط في الزاوية اليمنى العلوية أو السفلية من مربع المتابعة ، ولا يمكن أن يتشكل المربع التالي إلا إذا تجاوز السعر أعلى أو أسفل المربع السابق. على سبيل المثال ، إذا كان المبلغ المحدد مسبقا هو "1 دولار" (فكر في هذا على أنه مشابه للفترات الزمنية على مخططات الشموع) ، فلا يمكن أن يتشكل المربع التالي إلا بمجرد أن يتجاوز السعر إما 1 دولار أعلى أو 1 دولار أقل من سعر المربع السابق. تعمل هذه الرسوم البيانية على تبسيط الاتجاهات وتنعيمها إلى أنماط سهلة الفهم ، مما يجعل تمييز الدعم والمقاومة أسهل.

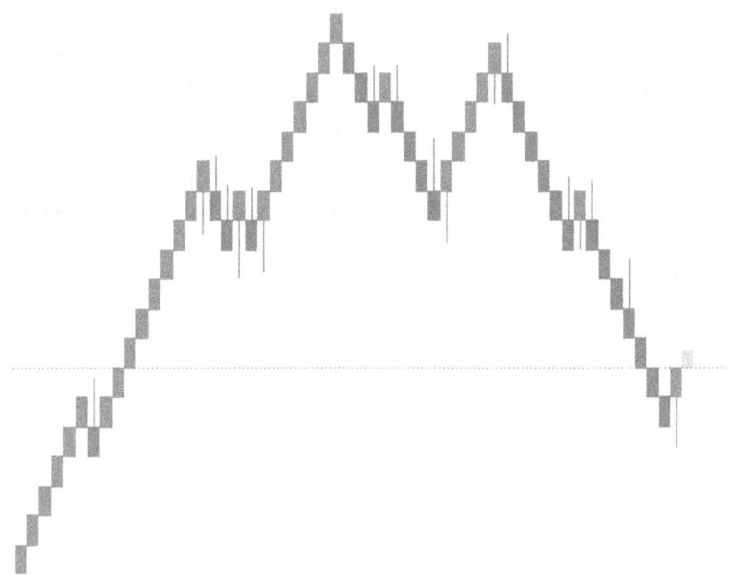

مخطط النقاط والشكل

على الرغم من أن مخطط النقطة والشكل (P &F) ليس معروفا مثل الآخرين في هذه القائمة ، إلا أنه يتمتع بسمعة طيبة كواحد من أبسط المخططات لتحديد نقاط الدخول والخروج الجيدة. مثل مخططات رينكو ، لا تأخذ مخططات P &F في الاعتبار بشكل مباشر مرور الوقت. بدلا من ذلك ، يتم تكديس X و O في أعمدة ، ويمثل كل حرف حركة سعر مختارة (تماما مثل الكتل في مخططات Renko). تمثل X سعرا مرتفعا ، وتمثل O سعرا هابطا. النظر في هذا التسلسل:

س
س س س
س س
X

لنفترض أن حركة السعر المختارة هي 10 دولارات. نبدأ من أسفل يسار الصورة أعلاه: تشير 3 X إلى أن السعر ارتفع 30 دولارا ، ويشير 2 O إلى انخفاض 20 دولارا ، ويمثل 2 X الأخيران ارتفاعا بمقدار 20 دولارا. الوقت غير ذي صلة ، ويتم تخفيف الاتجاهات.

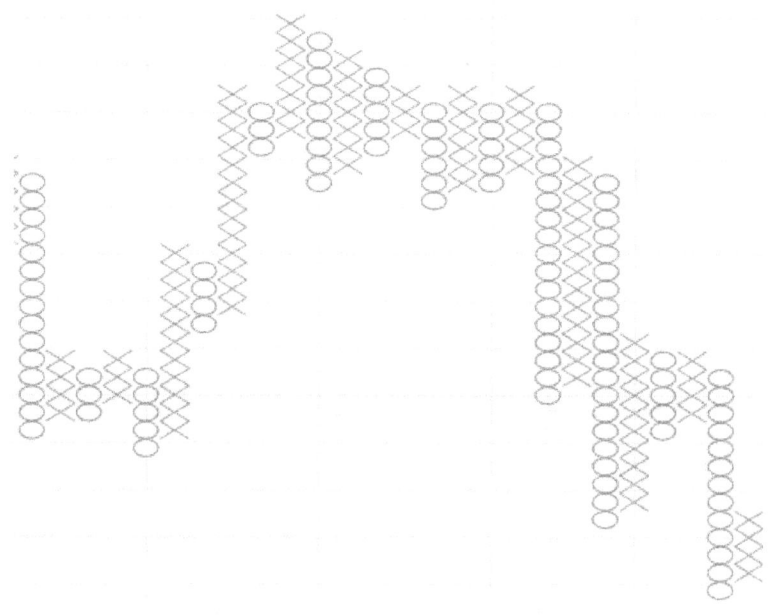

هيكين آشي

مخططات (Heikin-Ashi (hike-in-aw-she هي نسخة أبسط وأكثر سلاسة من مخططات الشموع. إنها تعمل بنفس الطريقة تقريبا مثل مخططات الشموع اليابانية (من خلال الشموع والفتائل والظلال وما إلى ذلك) ، باستثناء مخططات Heikin-Ashi التي تعمل على سلاسة بيانات الأسعار على فترتين بدلا من فترة واحدة. هذا يجعل Heikin-Ashi مفضلا بشكل أساسي للعديد من المتداولين مقابل مخططات الشموع اليابانية لأنه يمكن اكتشاف الأنماط والاتجاهات بسهولة أكبر ويتم حذف الإشارات الخاطئة (التحركات الصغيرة التي لا معنى لها) إلى حد كبير.

ومع ذلك ، فإن المظهر الأبسط يحجب بعض البيانات المتعلقة بالشموع ، وهو جزء من سبب عدم استبدال Heikin-Ashis للشمعدانات بعد. أقترح عليك تجربة كلا النوعين من المخططات لمعرفة أيهما يناسب أسلوبك وقدرتك على تمييز الاتجاهات.

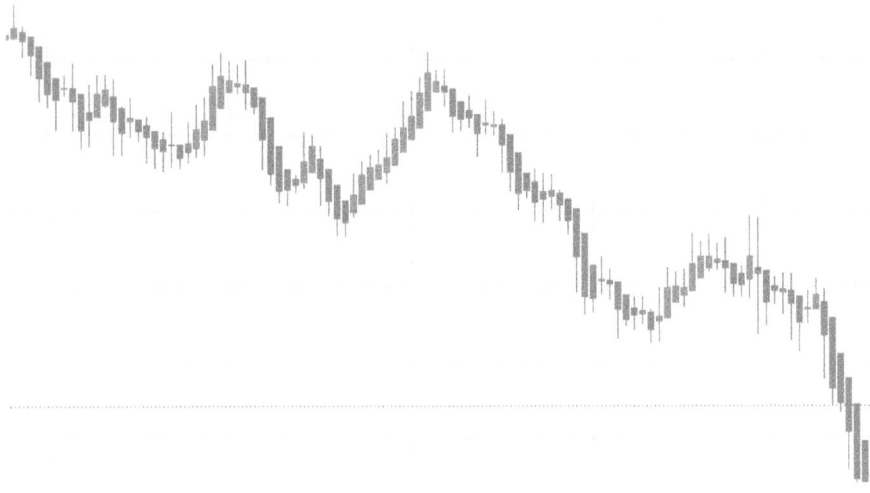

لاحظ أن الاتجاهات على مخطط Heikin-Ashi أكثر سلاسة وأكثر وضوحا من مخطط الشموع اليابانية في الصفحة 82.

انماط

يحتوي هذا القسم على أنماط الرسم البياني الأساسية المستخدمة في التحليل الفني. كلها مهمة، وتسمح أدوات الرسوم البيانية الحديثة بتحديد أنماط مثل هذه تلقائيا، أو على الأقل بسهولة.

على النحو التالي:

- مثلث
- مستطيل
- الرأس والكتفين
- مزدوجة / ثلاثية أسفل / أعلى
- دوجي
- نجمة الصباح / نجمة المساء
- طفل مهجور
- اثنين من الفجوة السوداء

مثلث

يمكن أن تكون أنماط المثلث إما متماثلة أو تصاعدية أو تنازلية. تتكون المثلثات الصاعدة من خط اتجاه أفقي وخط اتجاه سفلي صاعد قطريا، وتتكون المثلثات الهابطة من خط اتجاه سفلي أفقي وخط اتجاه علوي غارق قطريا، وتمثل المثلثات المتماثلة خطي اتجاه ونطاق سعري متقلص. تشير المثلثات الصاعدة إلى اختراقات صعودية، وتشير المثلثات الهابطة إلى اختراقات هبوطية، وتشير المثلثات المتماثلة إلى اختراقات محتملة في أي من الاتجاهين.

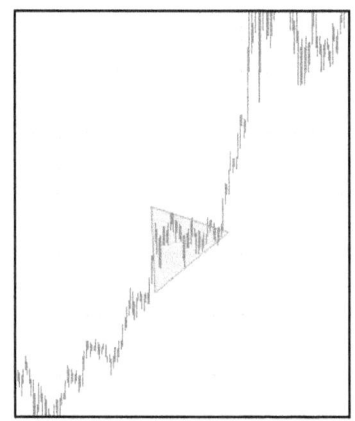 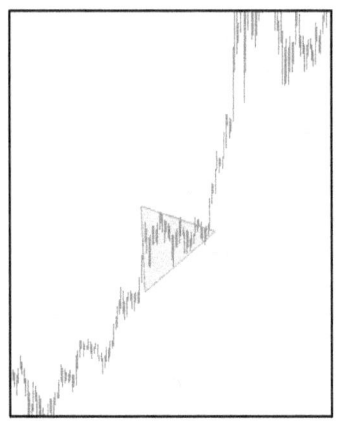

(tradingview.com) مثلث متماثل #1
(tradingview.com) مثلث متماثل #2

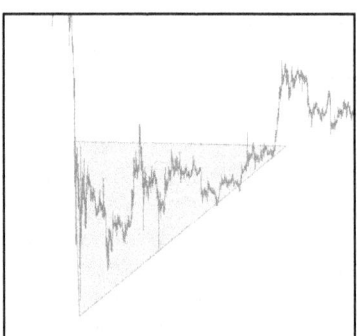

(tradingview.com) مثلث تصاعدي

مستطيل

تشكيلات المستطيلات هي أنماط استمرار تدل عليها قمم وقيعان متتالية شبه متساوية. تم العثور على المستطيلات لتكون دقيقة بنسبة 80٪ تقريبا وتمتد الاختراقات بشكل موثوق حتى نطاق التداول (عرض) المستطيل.

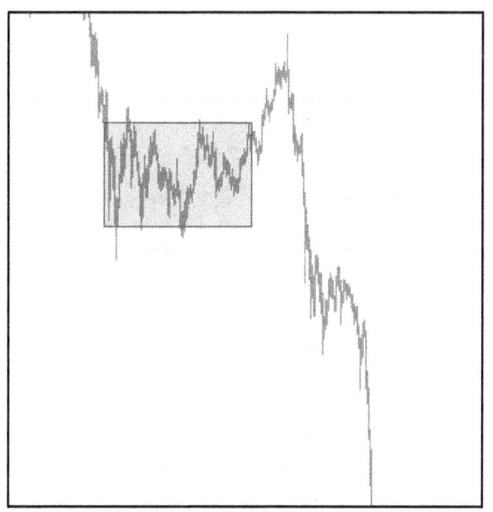

(tradingview.com) مستطيلات #14

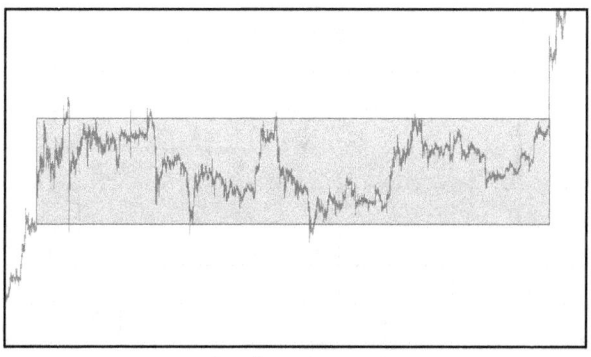

(tradingview.com) المستطيلات #2

* لاحظ أن الاتجاهات الصعودية الناتجة في كلتا الحالتين كانت مكافئة تقريبا لارتفاع المستطيلات المعنية.

الرأس والكتفين

الرأس والكتفين هما إحصائيا نمط حركة السعر الأكثر دقة ، حيث يكونان صحيحين بنسبة 85٪ تقريبا من الوقت. يتكون النمط من سعر خط الأساس وثلاث قمم. تسمى القمة الوسطى "الرأس" وتقع بين "كتفين". تشكل أحواض الكتفين سعر "خط العنق". تشير تشكيلات الرأس والكتف إلى انعكاس هبوطي ، في حين أن أنماط الرأس والكتف العكسية صعودية.

(tradingview.com) عكس الرأس والكتفين # 1

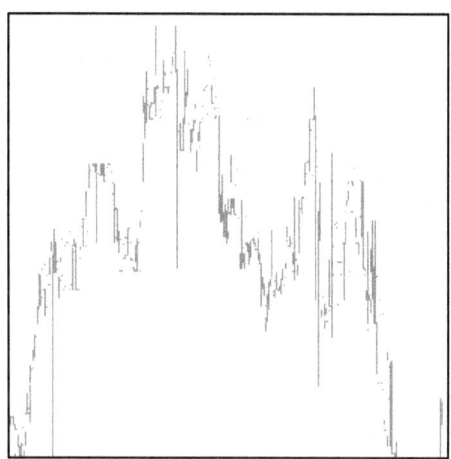

(tradingview.com) الرأس والكتفين # 2

82

مزدوج/ثلث قاع/أعلى

تشير القمم المزدوجة والقيعان المزدوجة والقمم الثلاثية والقيعان الثلاثية إلى الانعكاسات. يشار إلى كل منها بالعدد المقابل من القمم أو القيعان المميزة. التكوينات ، ككل ، دقيقة بنسبة 75٪ إلى 80٪.

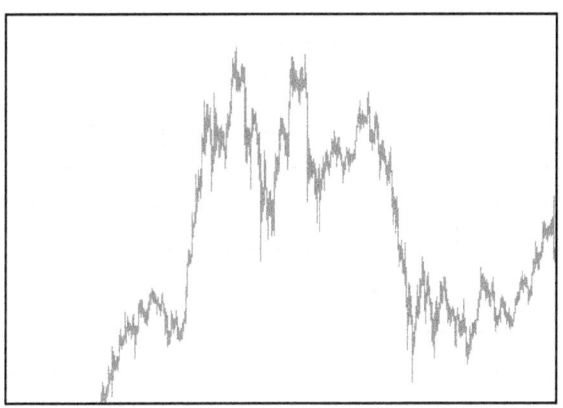

دوبل توب *(tradingview.com)*
القاع الثلاثي *(tradingview.com)*

دوجي

Dojis عبارة عن تشكيلات شمعة واحدة تتميز بنطاقات تداول صغيرة وظلال طويلة. الدوجيس القياسية والدوجيس ذات الأرجل الطويلة لها ظلال متساوية الطول ، ودوجيس اليعسوب لها ظلال سفلية طويلة ، ودوجيس شواهد القبور لها ظلال علوية طويلة ، ودوجيس ذات الأربعة أسعار هي خط أفقي رفيع بدون ظلال. غالبا ما تشير Dojis إلى الانعكاسات ولكن من الأفضل استخدامها مع الأشرطة الأخرى لتشكيل مؤشرات أقوى.

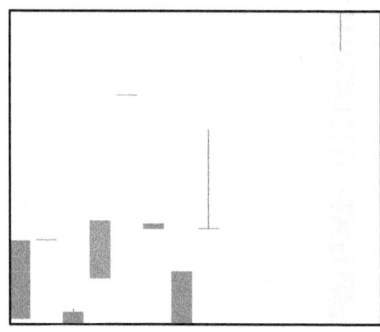
(tradingview.com) شاهد القبر دوجي

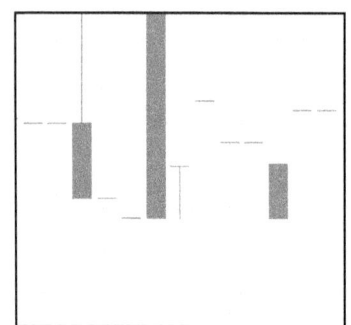
(tradingview.com) اليعسوب دوجي

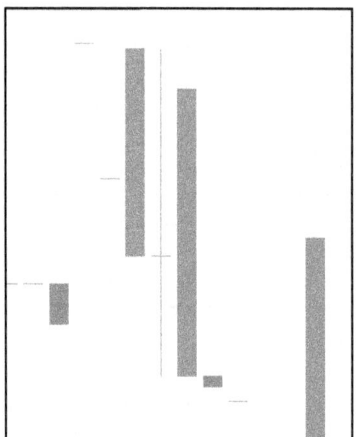
(tradingview.com) دوجي طويل الأرجل (محايد)

نجمة الصباح/نجمة المساء

نجمة الصباح ونجمة المساء عبارة عن أنماط من ثلاثة أشرطة ، يكون الصباح صعوديا وهبوطيا في المساء. تتشكل نجمة الصباح شمعة قصيرة الجسم بين أحمر طويل (يسار) وأخضر طويل (يمين). تتشكل نجمة المساء أخضر طويل (يسار) ، وشمعة متوسطة قصيرة الجسم ، وحمراء طويلة (يمين). تحدث نجوم الصباح في الجزء السفلي من الاتجاه الهبوطي ، بينما تحدث نجوم المساء في الجزء العلوي من الاتجاهات الصعودية. كلاهما يشير إلى الانعكاسات.

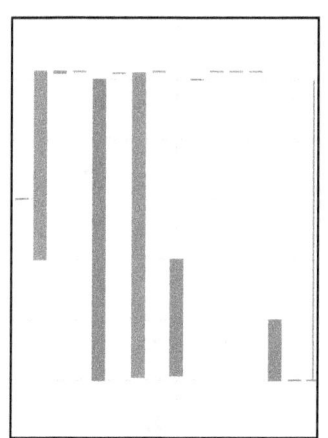

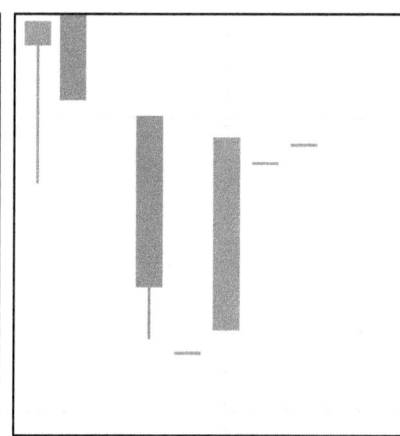

نجمة الصباح *(tradingview.com)*

نجمة الصباح *(tradingview.com)*

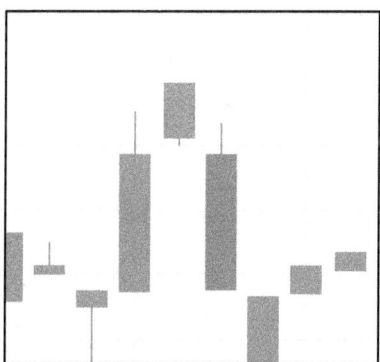

نجمة المساء *(tradingview.com)*

طفل مهجور

الطفل المهجور هو نمط انعكاس من ثلاثة أشرطة.[5] يشكل النمط الصعودي شمعة كبيرة ، ودوجي تفصل فجوة أقل ، وشمعة خضراء كبيرة ثالثة ترتفع إلى أعلى. يشكل المكافئ الهابط شمعة خضراء كبيرة متبوعة بدوجي تتأرجح لأعلى ، وأخيرا شمعة حمراء كبيرة الجسم تتأرجح لأسفل. من المعروف أن هذا التكوين مناسب للتنبؤ بالانعكاسات قصيرة المدى.

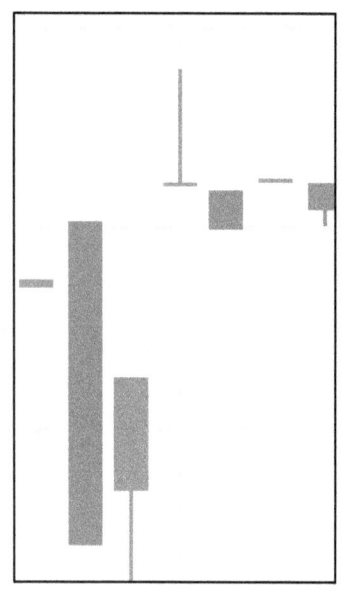 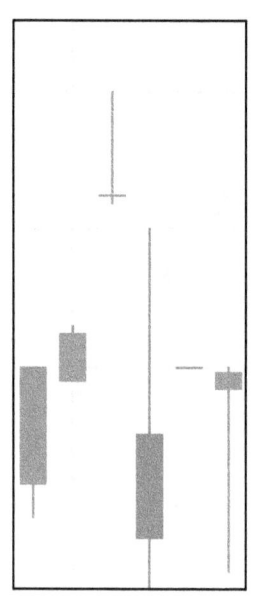

الطفل المهجور # 1 *(tradingview.com)*
الطفل المهجور # 2 *(tradingview.com)*

---

[5] نعم ، أتساءل أيضا لماذا تم اختيار هذا الاسم المحدد.

اثنين من الفجوة السوداء

الفجوة السوداء هي نمط استمرار هبوطي يشكل شمعتين أحمرتين تشكلان في الجزء العلوي من الاتجاه الصعودي ، والثانية منها فجوات أسفل الأولى. هذا يدل على أن الاتجاه قصير الأجل لا يزال هبوطيا. التكوين دقيق تقريبا 70٪ من الوقت.

(tradingview.com) اثنين من الفجوة السوداء # 1

(tradingview.com) اثنين من الفجوة السوداء # 2

المؤشرات والمذبذبات

يغطي هذا القسم بعض المؤشرات والمذبذبات المختارة.[6]

على النحو التالي:

- بولينجر باند
- مكافئ SAR
- فيبوناتشي
  - تصحيح فيبوناتشي
  - مراوح فيبوناتشي
  - أقواس فيبوناتشي
- المتوسط المتحرك
- مؤشر القوة النسبية
- ماكد
- العشوائيه

---

[6] يتم تعريف مؤشرات التذبذب ، التي تنطق بحرف C صامت ، على أنها مؤشرات يتم عرضها من خلال قيمة تتقلب بين الحد العلوي والأدنى.

بولينجر باند

تمثل البولنجر باند فئة من المؤشرات تعرف باسم مغلفات الأسعار. مغلفات الأسعار هي نطاقات تتقلب حول السعر وتحدد النطاق والدعم والمقاومة. من خلال تحديد النطاق ، يمكن للمتداولين الحصول على فكرة عما إذا كانت الأسعار مرتفعة أو منخفضة على أساس نسبي.

تستخدم البولنجر باند جنبا إلى جنب مع المتوسط المتحرك ، وهو خط يسمى "النطاق الأوسط" الذي يبقى في الغالب داخل النطاق العلوي والسفلي. كلما اقترب السعر من النطاق العلوي أو السفلي، كان الاتجاه أقوى. كلما اقترب السعر من النطاق العلوي ، زاد سعر ذروة الشراء ، بينما كلما اقترب السعر من النطاق السفلي ، زاد ذروة البيع.

نظرا لأن ما يقرب من 90٪ من حركة السعر تحدث بين النطاقين ، فمن المحتمل أن تكون نسبة 10٪ الناتجة من حركة السعر مؤشرا على اختراقات كبيرة. يمكن وضع وقف الخسائر عند أسعار الاختراق بمجرد تأكيد الاختراقات.

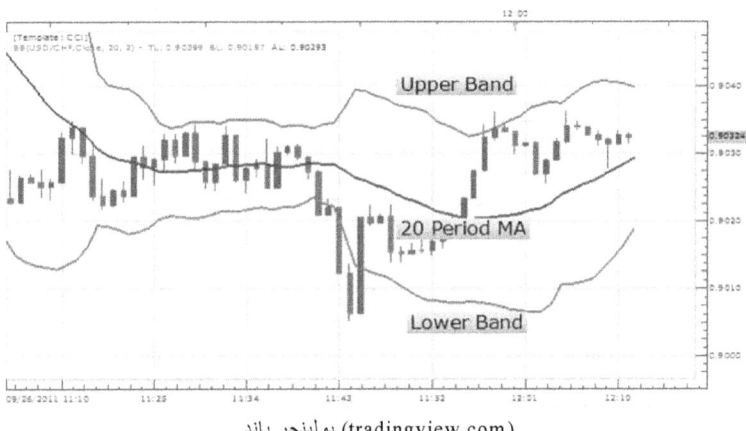

بولينجر باند (tradingview.com)

مكافئ SAR

Parabolic SAR (التوقف والعكس) هو مؤشر تم إنشاؤه بواسطة J. Welles Wilder[7] لتحديد اتجاه الاتجاه وتحديد الانعكاسات. على الرسم البياني، يظهر هذا المؤشر كسلسلة من النقاط. النقاط أسفل السعر صعودية، بينما النقاط فوق السعر هبوطية. تشير النقاط التي تعبر السعر إلى انعكاس الاتجاه. تعمل Parabolic SARs بشكل أفضل خلال سوق ذات اتجاه قوي، على عكس سوق التداول المتقلب أو الجانبي. من الأفضل استخدام Parabolic SAR مع المؤشرات الأخرى التي تساعد في تحديد قوة الاتجاهات بدلا من حدوثها.

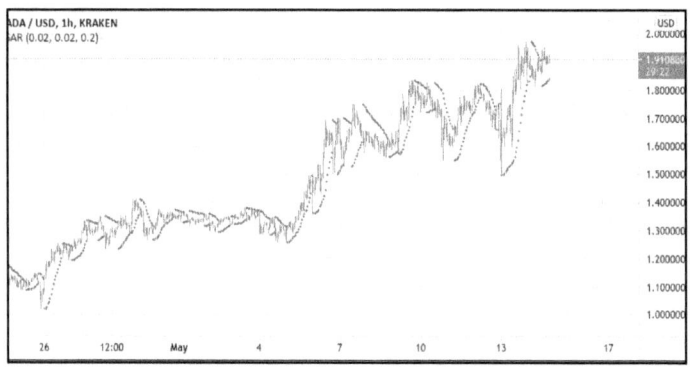

مكافئ SAR (tradingview.com)

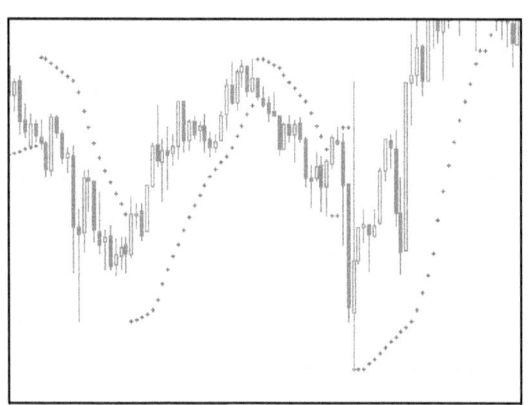

مكافئ ريال سعودي #2 (tradingview.com)

---

[7] كما أنشأ وايلدر بشكل ملحوظ مؤشر القوة النسبية (RSI).

من المحتمل أنك سمعت إما عن أرقام فيبوناتشي أو اللولب الذهبي أو تسلسل فيبوناتشي. تملأ أرقام وأدوات فيبوناتشي المرتبة الأولى في سوق المؤشرات وتحافظ على متابعة تشبه العبادة. اخترع ليوناردو بيزا (1180-1250) تسلسل فيبوناتشي ، وهو إيطالي نشأ في شمال إفريقيا خلال العصور الوسطى.[8] كان لقبه فيبوناتشي.

كتب عملا بعنوان "Libre Abaci" ، والذي يترجم تقريبا إلى "كتاب الحساب". أشاع الكتاب نظام الأرقام الهندوسية العربية ، على عكس الأرقام الرومانية المستخدمة آنذاك. داخل الكتاب ، تم استخدام تسلسل الأرقام التي أصبحت فيما بعد تسلسل فيبوناتشي لحساب نمو عدد الأرانب.[9] السؤال هو: ما عدد أزواج الأرانب في عام واحد، بافتراض أن زوجا أوليا واحدا من الأرانب ينتج زوجا آخر من الأرانب كل شهر بعد فترة العقم التي تستغرق شهرا واحدا؟ (على افتراض أن كل زوج يتكاثر إلى أجل غير مسمى). والنتيجة هي معادلة تجمع مجموع الحدين السابقين للحصول على الحد التالي:

$$F(n) = F(n) + F(n-1)$$

لذلك ، بدءا من 1 زوج من الأرانب ، يترتب على ذلك ما يلي:

5 زائد 3 = **8**	2 زائد 3 = **5**	1+ 2 = **3**	1 زائد 1 = **2**	0 زائد 1 = **1**	1 زائد 0 = **1**
55 زائد 89 = **144**	34 زائد 55 = **89**	21 زائد 34 = **55**	13 زائد 21 = **34**	8 زائد 13 = **21**	8 زائد 5 = **13**

[8] قد يكون اسمه ، وفقا لمصادر أولية مختلفة ، ليوناردو فيبوناتشي أو ليوناردو بوناتشي أو ليوناردو بيسانو.

[9] لم يعتبر فيبوناتشي نفسه حساباته مهمة. بدلا من ذلك ، في عام 1877 ، نشر عالم الرياضيات إدوارد لوكاس دراسات تتضمن التسلسل الذي أطلق عليه "تسلسل فيبوناتشي" تكريما للمؤلف الأصلي.

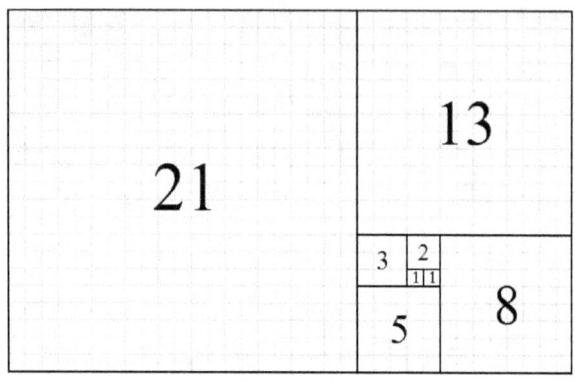

الأرقام الذهبية

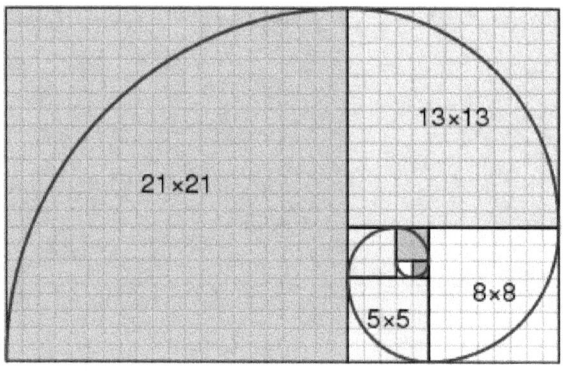

دوامة فيبوناتشي

يسمى التسلسل الناتج والمعادلة (جمع المصطلحين السابقين) تسلسل فيبوناتشي. اللولب الذهبي ، بدوره ، مشتق من تسلسل فيبوناتشي. يتضمن كل من دوامة فيبوناتشي والأرقام الذهبية "النسبة الذهبية" عند 1.618. تم العثور على تسلسل فيبوناتشي والنسبة الذهبية في جميع أنحاء العالم الطبيعي وثبت أنهما نمط طبيعي ، حيث تم العثور عليهما في أكواز الصنوبر والزهور والفواكه والخضروات المختلفة ومستعمرات نحل العسل وحتى جسم الإنسان.

ومنذ ذلك الحين تم العثور على أرقام فيبوناتشي للسيطرة على سوق الأسهم. تتضمن جميع أدوات سوق فيبوناتشي خط اتجاه (غالبا ما يكون متعددا) مرسوما بين نقطتين وتشير بشكل أساسي إلى الدعم والمقاومة.

تصحيح فيبوناتشي

يرسم مؤشر تصحيح فيبوناتشي خطوط التصحيح وفقا لتسلسل فيبوناتشي. الارتداد هو تراجع طفيف أو تغيير في الاتجاه ، لذا فإن خط التصحيح هو خط يشير إلى المكان الذي من المحتمل أن يحدث فيه الدعم والمقاومة (وبالتالي ، التراجعات والتغيير في الاتجاه).

يتم إنشاء ارتدادات فيبوناتشي عن طريق رسم خط اتجاه بين نقطتين - عادة ما تكون منخفضة وأعلى ، أو العكس. ثم يتم رسم ستة خطوط أفقية تلقائيا عند نقاط تتقاطع مع خط الاتجاه الأصلي. تحدث نقاط الاعتراض هذه عند مستويات فيبوناتشي 0.0٪ و 23.6٪ و 38.2٪ و 50٪ و 61.8٪ و 100٪ (في شكل كسر: 0 و 0.236 و 0.382 و 0.5 و 0.618 و 1). تحدد هذه الخطوط مناطق الدعم والمقاومة المحتملة.

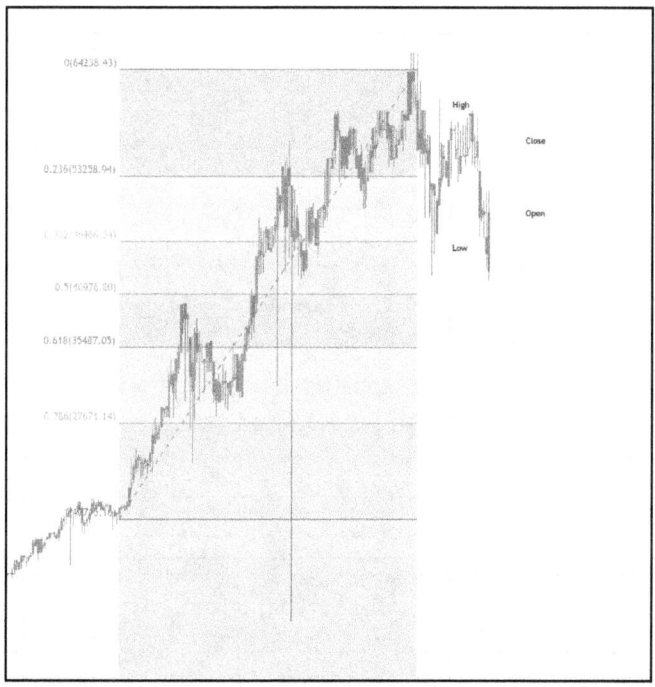

تصحيح فيبوناتشي (tradingview.com)

مراوح فيبوناتشي

تتشابه خطوط مروحة فيبوناتشي مع مؤشر تصحيح فيبوناتشي. أولا ، يتم رسم خط الاتجاه بين نقطتين (عادة نقطة متطرفة - إما قمة أو قاع). بعد ذلك ، يتم رسم أربعة خطوط اتجاه من النقطة الأولية وتمر عبر خط عمودي غير مرئي أسفل النقطة القصوى الثانية عند مستويات نسبة فيبوناتشي الموصوفة سابقا.

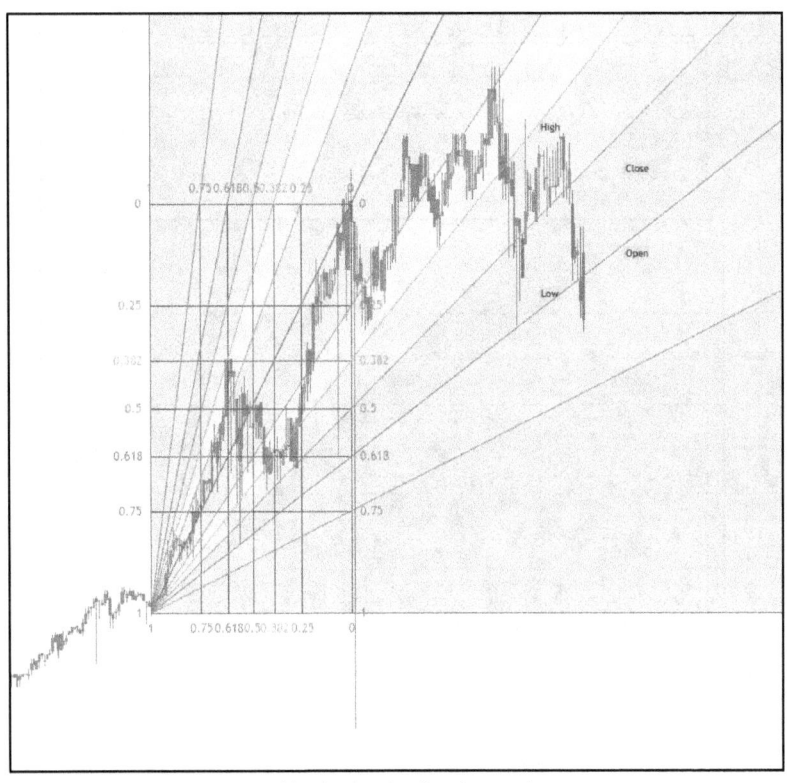

مراوح فيبوناتشي *(tradingview.com)*

أقواس فيبوناتشي

أقواس فيبوناتشي هي أنصاف دوائر تمتد للخارج من خط عمودي يمتد من النقطة الثانية من النقطتين المتطرفتين. يتم رسم أقواس نصف الدائرة عند نقاط تهم خط الاتجاه عند مستويات فيبوناتشي.

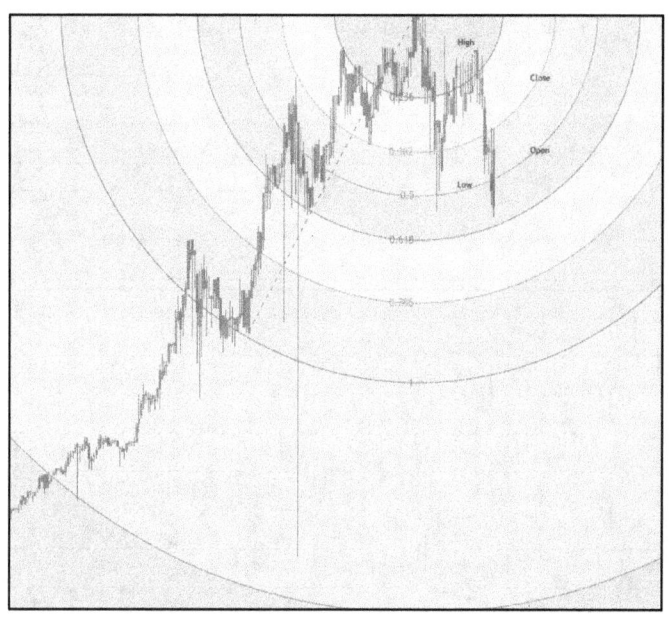

أقواس فيبوناتشي *(tradingview.com)*

مؤشرات فيبوناتشي الأخرى:

- فيب إسفين - مجموعة من الأقواس القائمة على فيبوناتشي.
- قناة فيب - خطوط الاتجاه المتوازية القائمة على فيبوناتشي.
- دوائر فيب - دائرة قائمة على فيبوناتشي ذات 11 طبقة.
- المناطق الزمنية فيبوناتشي - الخطوط الرأسية التي تمثل حركة السعر المحتملة بناء على الزيادات الزمنية القائمة على فيبوناتشي.

المتوسط المتحرك (ماجستير)

المتوسطات المتحركة هي مؤشرات متأخرة تشير إلى الدعم والمقاومة والزخم من خلال خط واحد سلس محسوب وفقا لإطار زمني. ومن ثم ، يمكن للمرء أن يقول "المتوسط المتحرك لمدة 5 أيام" أو "المتوسط المتحرك لمدة 100 يوم".

في كثير من الأحيان ، يتم استخدام المتوسطات المتحركة في أزواج. في مثل هذه الحالات ، تشير عمليات الانتقال إلى تغيير في الزخم (تغيير إيجابي إذا تجاوز المتوسط المتحرك قصير المدى فوق المتوسط المتحرك طويل الأجل أو التغيير السلبي إذا انخفض المتوسط المتحرك قصير المدى إلى ما دون المتوسط المتحرك طويل الأجل).

المتوسطات المتحركة الأسية (EMAs) هي المتوسطات المتحركة التي تولي أهمية أكبر لحركة السعر الأخيرة ، وبالتالي إنشاء خط إشارة يرتبط ارتباطا وثيقا بالسعر.

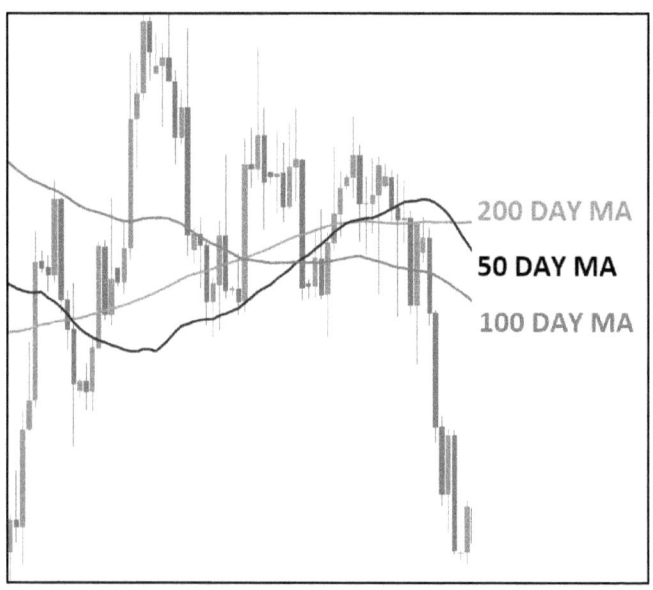

المتوسطات المتحركة[10]

---

[10] رصيد الصورة إلى dailyfx.com

مؤشر القوة النسبية

مؤشر القوة النسبية (RSI) هو مذبذب زخم يقيس قوة أو ضعف اتجاهات الأسعار ، وبالتالي ، تشابه الانعكاسات. يتم تداول مؤشر القوة النسبية ضمن نطاق من 0 إلى 100: تشير القيمة التي تزيد عن 70 إلى حالة ذروة الشراء (بيع) ، وتشير القيمة الأقل من 30 إلى حالة ذروة البيع (الشراء).

مذبذب مؤشر القوة النسبية *(tradingview.com)*

ماكد

MACD هو مذبذب زخم يحدد انعكاسات الاتجاه المحتملة من خلال تغيير الزخم. يعمل MACD من خلال خط MACD (يتم العثور عليه عن طريق طرح EMA لمدة 26 يوما من EMA لمدة 12 يوما) ، وخط الإشارة (EMA لمدة 6 أيام) ، والرسم البياني ، الذي يرسم الاختلاف.

تشير عمليات الانتقال بين الخطين إلى حدوث تغيير في الزخم ؛ التقاطع الصعودي هو تقاطع MACD فوق خط الإشارة والتقاطع الهبوطي هو تقاطع MACD أسفل خط الإشارة. يشير ارتفاع الرسم البياني إلى قوة الزخم.

مذبذب MACD *(tradingview.com)*

العشوائيه

مؤشر ستوكاستيك هو مذبذب زخم رائد يهدف إلى الإشارة إلى الانعكاسات وتغيرات الزخم قبل حدوثها. يتم رسم القيمة العشوائية بين 0 و 100 ؛ فوق 80 يشير إلى ظروف ذروة الشراء وأقل من 20 يشير إلى ظروف ذروة البيع. من المعروف أن مذبذب ستوكاستيك دقيق للغاية.

مذبذب ستوكاستيك *(tradingview.com)*

استراتيجية الاستثمار

يختتم هذا نظرة على أنواع تداول العملات المشفرة على أرض الواقع والأنماط والرسوم البيانية والمؤشرات ومؤشرات التذبذب. الجزء الأخير من اللغز ، أي ، هو تركيب القطع معا ، ويتم ذلك من خلال استراتيجية استثمار شاملة ، بدءا من البنية التحتية.

البنية التحتية الاستثمارية هي البرنامج الذي يحيط بالمستثمر ويقويه. يتم لعب اللعبة الحديثة على الإنترنت. ويساعدك البرنامج على تحديد الاستثمارات المحتملة وتقييم تلك الاستثمارات وإجراء الصفقات. يبدأ إعداد إطار عمل استثماري باختيار البورصة ، الأكثر شعبية منها (في الولايات المتحدة) هي Coinbase و eToro و Binance US و Kraken. البورصات العالمية الأكثر شعبية هي (على التوالي) Binance و Coinbase Exchange و Huobi Global و Kraken و Bitfinex.[11] بعد ذلك ، أقترح إعداد وسيلة لإجراء تحليل الرسم البياني ، مثل من خلال TradingView. بعد الإعداد على هذه الأنظمة الأساسية ، تتضمن البرامج المفيدة الأخرى محللات المشاعر (santiment.net) ، ومواقع التقويم (coinmarketcal.com) وبرامج الروبوت ، ومواقع بيانات السوق (onchainfx.com ، coinmarketcap.com) ، ومواقع الإنزال الجوي (airdropalert.com ، airdrops.io ، bitcoinvisuals.com. باستخدام أدوات البرامج هذه والمزيد ، سيكون لديك صندوق الأدوات الذي يمكن أن يزدهر فيه تداولك.

بمجرد تشغيل البنية التحتية ، فإن الخطوة التالية هي وضع مجموعة من القواعد التي تتناسب مع الطريقة التي تريد التداول بها والطريقة التي تتداول بها بشكل طبيعي. القواعد ضرورية لأن خسارة أو كسب المال ، بالنسبة لمعظم الناس ، هي تجربة عاطفية للغاية. وجد باحثو جامعة هارفارد أن إجراء صفقات جيدة في السوق يؤثر على الدماغ بنفس طريقة تأثير الكوكايين.[12] بعيدا عن الدرجة الأساسية من المشاعر الطبيعية ، عادة ما تكون القرارات المتعلقة بالمال مدفوعة بمزيج من تاريخ العائلة وانعدام الأمن والخوف والجشع ، وكلها مصحوبة بدرجة معينة من العقلانية. لذلك ، يجب فهم فكرتين: علم النفس يؤثر على كيفية *تداولك* ، وعلم النفس يؤثر على كيفية تحرك الآخرين ، وبالتالي يتحرك *السوق بأكمله*. تعتمد الأسواق الصاعدة والاتجاهات الصاعدة على الجشع والنشوة والتفاؤل والثقة. تعتمد الأسواق الهابطة والاتجاهات الهابطة على القلق والإنكار والخوف والذعر. على الرغم من كل هذا ، فإن الاستثمار هو حقا لعبة أرقام ، واستبعاد العاطفة من قرارات التداول أمر ضروري لتحقيق نجاح شامل. يعد وضع قواعد التداول ، سواء عبر الإنترنت أو خارجه ، مفيدا في ضمان اتخاذ قرارات مربحة باستمرار. على الرغم من أن الكثيرين يجدون أن هذه الخطوات غير ضرورية ، فقد أثبتت ضمانات الاستثمار مرارا وتكرارا أنها أي شيء آخر.

---

[11] استنادا إلى بيانات السوق الحالية من coinmarketcap.com. عرضة للتغيير.

[12] (بدون تاريخ). التصوير الوظيفي للاستجابات العصبية للتوقع ... - CiteSeerX.

متى تتوقف

في حالة القيام بتحركات قصيرة الأجل ، توقف عن التداول بعد ثلاثة انتصارات أو خسائر متتالية. يمكن أن تكون هذه قاعدة مؤلمة ، ولكنها فعالة بقدر ما هي مؤلمة. ثلاث صفقات جيدة متتالية تتحمل ارتفاعا عاطفيا ، بينما تؤدي ثلاث صفقات خاسرة متتالية إلى قيعان عاطفية. في كلتا الحالتين ، تؤدي هذه المواقف إلى حالات ذهنية عاطفية وتضعف قدرة المرء على التفكير بعقلانية واتخاذ قرارات جيدة. على الأقل ، خذ استراحة طويلة ، على الرغم من أن أفضل ما يمكنك فعله هو ببساطة التوقف عن التداول والاستئناف في وقت لاحق. بالطبع ، كما هو الحال مع كل هذه القواعد ، اضبط هذا ليناسب شخصيتك. إذا كنت من ذوي الخبرة ومربحة باستمرار ، فقد تنتقل إلى التوقف عند 4 صفقات. إذا كنت قد بدأت للتو أو تعرف نفسك أنك عرضة للتداول العاطفي ، فربما تنقله إلى 2.

تعويذه

يمكن أن يكون وجود بعض الكلمات المختارة لتكرارها لنفسك طريقة سريعة للوصول إلى حالة ذهنية واثقة ومركزة. في حين أنه من الأفضل لك اختيار شيء ذي مغزى حقيقي بالنسبة لك (كما يقول الأطفال ، "يضرب مختلف") ، إليك بعض الشعارات للإلهام:

- "أنا هادئ ومركز وواثق."
- "أنا أجذب الفرصة."
- "بطيء وثابت يفوز بالسباق."
- "أنا منضبط وصبور."
- "انظر إلي الآن يا أمي."

حجم التداول

لا تزيد أو تنقص الأموال التي تضعها في منصب لأنك "تشعر بذلك". تعديل المراكز على أساس المخاطر ؛ لا شيء آخر. كقاعدة عامة ، من الأفضل عدم تغيير مبلغ قياسي من المال يتم وضعه في الصفقات ما لم يكن هذا القرار مبنيا على تحليل مدروس وشامل. قم بإجراء محادثة مع نفسك واسأل عن سبب رغبتك في الاستثمار الذي تقوم به. على ماذا تأسست؟

مجلة التداول

يحتفظ العديد من المستثمرين بسجل لجميع الصفقات. سيقومون بتدوين أسعار الدخول والخروج والمؤشر وأي ملاحظات أو ملاحظات. هذا ليس مجرد نشاط يفيد تداولك. كما أنه ممتع ويوفر منظورا مفيدا طوال أوقات الصعود والهبوط.

الحدسملاحظة:

قد لا يقع الحدس مباشرة في قواعد التداول ، لكنه يرتبط بتخفيف المخاطر ، وقواعد الاستثمار تدور حول تخفيف المخاطر. الحدس مستمد من أنماط أدركت اللاوعي. قد يواجه المستثمر المتمرس منذ فترة طويلة حدسا قويا يعتمد على أنماط لم يتم ملاحظتها بوعي. هذا ، في نهاية المطاف ، هو المكان الذي يجب أن تنتهي فيه مسألة الحدس. كلما كنت أكثر خبرة ، كلما كان حدسك أفضل ، بينما عندما تبدأ للتو ، من المحتمل أن يؤدي "أشعر به" إلى خسارة حمراء كبيرة. بالطبع ، السؤال المنطقي هو متى نرسم الخط. هل هي سنة واحدة أم ثلاث سنوات أم هكذا؟ أقول اتخذ خطوات لاختبار حدسك بمرور الوقت مع تخفيف المخاطر. لذلك ، ربما أدخل مركزا ب 10/1 من حجمك العادي ، أو ربما لا تتداول ، ولكن تتبع ما إذا كنت على حق واضبط من هناك. فقط تأكد من التعرف على الحدس على أنه حدس وليس الجشع أو الخوف المقنع ، ولا تستخدم الحدس كذريعة لاتخاذ قرار سيء. وبغض النظر عن مدى شعورك بذلك ، فإن الالتزام بخطة الاستثمار الخاصة بك هو الخيار الأفضل دائما تقريبا.

بمجرد اختيار البنية التحتية والقواعد ووضعها موضع التنفيذ ، يتطلب إكمال ثلاثية الاستثمار الاستراتيجي إتقان (أو على الأقل معرفة مريحة) بالأدوات الواقعية التي تسترشد بها قرارات التداول. يتضمن هذا أولا مخططا (شمعدانا ، شريطا ، Renko ، Heiken-Ashi ، إلخ) متبوعا بأنماط (مثلثات ، أكواب ومقابض ، إلخ) ومؤشرات ومذبذبات (MACD ، MFI ، RSI ، بولينجر باند ، فيب آركس ، MA's ، إلخ). إن فهم البيانات الاقتصادية واستيعاب الأبحاث على مستوى السوق لا يقل أهمية.

في تركيبة ، ينبغي للمرء أن يصل إلى هيكل مع برنامج لالتقاط وتجميع البيانات وإجراء الصفقات ، وأدوات لمعرفة ما ينبغي أن تكون عليه تلك الصفقات ، وقواعد لتحقيق أقصى قدر من فعالية هذه الصفقات. بطبيعة الحال، لا توجد استراتيجية جيدة في الصخر. يجب أن تتفاعل وتتكيف بناء على التجارب والمعلومات الجديدة ، ويجب عليك متابعة التحسين المحسوب والعقلاني بين كل مجال من مجالات الاستراتيجية.

الاستراتيجية ، في نهاية المطاف ، هي فن تحسين تجربتك في بيئة ما قبل الدخول إليها وبمجرد دخولها ، يكون لديها خطة ، باستخدام الأدوات المتاحة لك ، والعمل على تحسين هذه الخطط والأدوات بناء على التكرار الواعي والمستدام. القيام بذلك يضعك في المقدمة ؛ والسعي المنضبط للتميز ، في أي مجال بقدر الاستثمار ، سيؤدي حتما إلى النجاح على المدى الطويل.

شروط التداول

تحمل العلم / علم الثور
علم الدب هو مؤشر على مخطط عملة أو رمز مميز على احتمال حدوث اتجاه هبوطي. علم الثور هو عكس علم الدب ويشير إلى اتجاه صعودي.

مصيدة الدب / مصيدة الثور
يشير مصيدة الدب إلى إشارة اتجاه هبوطي خاطئة. يشار إلى هذا باسم "الفخ" لأن المتداولين الذين يأخذون مصيدة الدببة كمؤشر على الاتجاه الهبوطي قد يقومون ببيع العملة أو الرمز المميز ؛ ومن ثم خسارة المال عندما يرتفع السعر بالفعل. مصيدة الثور هي عكس مصيدة الدب.

يمكن في بعض الأحيان التلاعب بمصائد الدببة إلى الوجود. في مثل هذه الحالة ، تهدف مجموعة من المتداولين إلى تحطيم عملة مشفرة بسرعة ثم تحقيق ربح سريع من الارتداد. يجب أن يمتلك المعنيون مركزا كبيرا لعملة معينة. بعد ذلك ، يبيعون جميعا مراكزهم في نفس الوقت ، مما يخدع السوق للاعتقاد بحدوث انهيار ، مما يؤدي إلى المزيد من البيع ، مما يتسبب في ضرب وقف الخسائر وحدوث المزيد من عمليات البيع ، مما يؤدي إلى انخفاض أكثر حدة. أولئك الذين وضعوا الفخ يشرعون في الشراء مرة أخرى في مراكزهم بسعر أقل. بمجرد أن يرتد السعر ، فإنهم يحققون ربحا.

دب /الهبوطي /ثور /الصعودي
أن تكون دبا يعني أنك تعتقد أن سعر العملة أو الرمز المميز أو قيمة السوق ككل ستنخفض. يعتبر المستثمرون الذين يفكرون بهذه الطريقة "هبوطيين" على الأصل المحدد. العكس هو أن تكون صعوديا: الشخص الذي يعتقد أن ارتفاع القيمة سيحدث هو صعودي على هذا الأصل.

فقاعة
تشير الفقاعة في العملات المشفرة وجميع الاستثمارات إلى الوقت الذي يرتفع فيه معظم السوق ، وعادة ما يكون بمعدل غير مستدام. في كثير من الأحيان ، سوف تنفجر الفقاعات وتؤدي إلى انهيار كبير. لهذا السبب ، فإن التواجد في فقاعة ، سواء كان يشير إلى عملة أو رمز معين ، ليس بالأمر الجيد.

شراء الجدار
يحدث جدار الشراء عندما يتم وضع أمر حد كبير لشراء عملة مشفرة بقيمة معينة. يمكن أن يمنع "جدار الشراء" هذا الأصل من الانخفاض إلى ما دون تلك القيمة ، لأن الطلب بهذا السعر يتجاوز العرض بكثير.

التقاء / ملتقى التداول

يحدث التقاء عندما يتم دمج استراتيجيات ومؤشرات متعددة في استراتيجية واحدة. تداول التقاء هو امتداد لهذا. يشير إلى المتداول الذي يستخدم التقاء في استراتيجية التداول الخاصة به.

تصحيح

التصحيح هو حركة سعر هبوطية بعد قفزة سريعة أو ذروة في السعر. على سبيل المثال ، قد يؤدي الانتقال من 10 دولارات إلى 25 دولارا إلى تصحيح إلى 20 دولارا ، حيث يتم العثور على دعم السعر.

ترتد القط الميت

ارتداد القط الميت هو مصطلح يشير إلى انتعاش قصير للسعر قبل حدوث انهيار كبير.

مخطط العمق

الرسم البياني لمخططات العمق طلبات البيع والشراء. يوضح مخطط العمق نقطة التقاطع التي تكتمل عندها المعاملات بسرعة ؛ وهو سعر السوق.

تفريغ

يشير التفريغ أو الإغراق إلى بيع كمية كبيرة من العملات المشفرة أو إلى كمية كبيرة من عملة معدنية أو رمز مميز يتم بيعه. على سبيل المثال ، "هذه العملة تغرق" و "أنا أتخلص من هذه العملة".

ملء أو قتل النظام (FOK)

أمر التعبئة أو الإنهاء هو أمر يجب تنفيذه على الفور. إذا لم يحدث هذا ، إلغاء الصفقة. يتم استخدام FOK لضمان إتمام المعاملات التي تنطوي على مراكز كبيرة في فترة قصيرة جدا.

التحليل الأساسي

التحليل الأساسي هو تحليل عملة أو رمز مميز من خلال مقاييسها الأساسية. ارجع إلى القسم السابق حول التحليل الأساسي للحصول على نظرة عامة شاملة.

الصليب الذهبي

التقاطع الذهبي هو نمط مخطط يتضمن متوسطا متحركا قصير المدى (على سبيل المثال ، متوسط متحرك لمدة 10 أيام) يتقاطع فوق المتوسط المتحرك طويل الأجل (ربما المتوسط المتحرك لمدة 50 يوما). التقاطعات الذهبية هي مؤشرات صعودية.

النفوذ

يمكن للمستثمرين "الاستفادة" من أموالهم من خلال تحمل الديون. لنفترض أن لديك 1000 دولار وأنك تأخذ رافعة مالية 5x ؛ يمكنك الآن استثمار أموال بقيمة 5,000 دولار. من خلال نفس الوظيفة ، الرافعة

المالية 10x هي 10,000 دولار و 100x هي 100,000 دولار. مثل التداول بالهامش ، تسمح الرافعة المالية بتضخيم الأرباح من خلال ، إلى حد ما ، استئجار الأموال وجني الأرباح الإضافية. ومع ذلك ، فإن تداول الرافعة المالية محفوف بالمخاطر للغاية. ما لم تكن متداولا متمرسا ومستقرا ماليا ، لا ينصح بالتداول بالرافعة المالية.

أمر محدد / شراء / بيع

عندما تقصد تنفيذ صفقة ، يمكنك اختيار تنفيذ هذه الصفقة بعدة طرق مختلفة. أحد هذه الأساليب هو من خلال أمر السوق ، الذي ينفذ الأوامر على الفور بأفضل سعر سوق متاح. البديل الشائع هو أمر محدد ، والذي يتيح للمشتري أو البائع اختيار السعر الذي يريد الشراء أو البيع به.

على سبيل المثال ، لنفترض أن عملة يتم تداولها بسعر 200 دولار. إذا اخترت شراء عملة واحدة بأمر سوق ، تنفيذ هذا الأمر على الفور ، ربما بسعر 200 دولار ، أو ربما بسعر 199 دولارا أو 201 دولارا.[13] إذا قمت بوضع أمر محدد ، فإنك تختار السعر الذي تريد شراء العملة الواحدة به. ربما تكون هذه العملة متقلبة ، لذلك قررت وضع أمر شراء محدد عند 197 دولارا على أمل أن يرتفع السعر إلى هذا المستوى في مرحلة ما على مدار اليوم وقبل التعافي والاستمرار في اتجاه صعودي. في هذه الحالة ، لن يتم تنفيذ الأمر إلا عندما يصل سعر العملة إلى 197 دولارا أو أقل. بشكل عام ، تعتبر أوامر الحد جيدة للقبض على السعر أقل بقليل من القيمة السوقية في وقت الأمر ، على الرغم من أنه يمكن تعيين أوامر الحد بأي سعر لأسباب أخرى مختلفة. إذا كنت تضع وتطلب ولا تهتم حقا بما إذا كانت نقطة الشراء الخاصة بك أقل بنسبة 2% أم لا (أو أيا كان) ، يمكنك فقط تعيين أمر سوق وشراء الورقة المالية على الفور.

طويل /قصير (المنصب)

اتخاذ مركز طويل يعني أن المستثمر ينوي الاحتفاظ بأصل على المدى الطويل. هذا يعني عموما بضعة أشهر على الأقل. المركز القصير هو عكس ذلك. ينوي المتداول الدخول والخروج في فترة زمنية قصيرة نسبيا ، سواء كانت دقائق أو ساعات أو أيام.

التداول بالهامش

التداول بالهامش هو استراتيجية شائعة حيث يقترض المتداولون الأموال لوضع الصفقات. على سبيل المثال ، قد يتداول شخص لديه 10,000 دولار بهامش 5x ، مما يمنحه 50,000 دولار من رأس المال. إذا نجحت التجارة ، فإنهم يسددون 50,000 دولار (عادة مع الفائدة أو نوع من الرسوم) ويحافظون على الربح الإضافي. يجب أن يتم التداول بالهامش فقط من قبل المستثمرين ذوي الخبرة - إذا ساءت التداولات ، ينتهي الأمر بالعديد من المتداولين بديون أكثر من المال. لذا ، فإن المكافآت هائلة ، لكن المخاطر استثنائية بنفس القدر.

_____

[13] وهذا ما يسمى الانزلاق السعري. قد يصل الانزلاق إلى 2-3%.

السوقيه (القيمة السوقية)

القيمة السوقية للعملة هي إجمالي قيمة التداول. يمكن حساب ذلك بسهولة بضرب إجمالي المعروض من العملة في سعر العملة. على سبيل المثال ، تبلغ القيمة السوقية لتداول العملة المشفرة بسعر 5 دولارات مع عرض 1 مليون وحدة 5 ملايين دولار.

زخم السوق

زخم السوق هو قدرة هذا السوق على الحفاظ على فترات النمو أو الانكماش. يتمتع السوق الذي ظل في المنطقة الخضراء لمدة ستة أشهر بزخم قوي ، بينما يمكن قول الشيء نفسه إذا غرق هذا السوق في منطقة هبوطية وظل في المنطقة الحمراء لفترات طويلة من الزمن.

أمر السوق

أمر السوق هو أحد أنواع الأوامر العديدة التي يمكن وضعها لتنفيذ الصفقة. يتم تنفيذ أوامر السوق على الفور بأفضل سعر سوق متاح. على العكس من ذلك ، أوامر الحد ، يسمح للمشتري باختيار السعر الذي يريد أن يتم تنفيذ تجارته به. في حين أن أوامر السوق قد تؤدي إلى أن تكون نقطة الشراء أعلى قليلا من أمر الحد الذكي ، إلا أنها تسمح بدخول أسرع.

ذروة البيع / ذروة الشراء

تتعرض العملة المشفرة في ذروة البيع لضغوط بيع أكبر بكثير من ضغط الشراء. نتيجة لذلك ، تم بيعها إلى سعر يعتبر أقل من قيمتها الحقيقية الأساسية. لذلك ، فإن ذروة البيع تعني عموما أن الورقة المالية يجب أن ترتد على الأقل إلى قيمتها الحقيقية. ذروة الشراء هي عكس ذلك وتحدث عندما يتم شراء عملة أو رمز مميز يصل إلى ما يمكن اعتباره سعرا مرتفعا بشكل غير مبرر. عادة ، إذا اعتقد شخص ما أن العملة أو الرمز المميز في ذروة البيع ، فإنهم يعتقدون أنه سيرتفع ، بينما إذا اعتقدوا أنه في منطقة ذروة الشراء ، فإنهم يعتقدون أنه سينخفض.

ضخ

المضخة هي حركة سعر تصاعدية سريعة في عملة معدنية أو رمز مميز.

المضخة والتفريغ

المضخة والتفريغ هي مخطط ينفذه مستثمر كبير أو ، بشكل أكثر شيوعا ، مجموعة من كبار المستثمرين. في المضخة والتفريغ ، ستشتري مجموعة البداية كمية كبيرة من عملة معدنية أو رمز مميز. يرى مستثمرون آخرون الضغط الصعودي القوي ويشتركون. بعد ذلك ، بمجرد تضخيم السعر بشكل كبير ، يتخلص المستثمرون الأصليون من أسهمهم ويجنون الأرباح. يتم النظر إلى هذه الممارسة بازدراء لأنها متلاعبة وتتسبب في خسارة معظم المستثمرين المعنيين للمال.

المقاومه

المقاومة هي السعر الذي يكافح الأصل لاختراقه بطريقة تصاعدية. في بعض الأحيان ، يمكن أن تكون مستويات المقاومة فسيولوجية. على سبيل المثال ، قد تصل Bitcoin إلى المقاومة عند 100000 دولار ،

نظرا لأن العديد من الأشخاص يضعون أوامر بيع بسعر لطيف ومستدير ولطيف يبلغ 100000 دولار. عندما يتم اختراق مستوى المقاومة ، يمكن أن يرتفع السعر بسرعة. في الحالة التي تتجاوز فيها عملة البيتكوين 100000 دولار بعد فترة من المقاومة القوية ، قد يرتفع السعر بسرعة إلى 105000 دولار. الدعم هو عكس المقاومة.

بيع الجدار

جدار البيع هو أمر بيع كبير جدا بسعر محدد. بيع الجدران يدفع الأسعار إلى الانخفاض. العكس هو جدار الشراء ، والذي يمكن أن يمنع عملة أو رمز مميز من الانخفاض إلى ما دون سعر معين.

انزلاق

يمكن أن يحدث الانزلاق عندما يتم وضع صفقة من خلال أمر السوق. تحاول أوامر السوق التنفيذ بأفضل سعر ممكن ، ولكن في بعض الأحيان يحدث اختلاف ملحوظ بين السعر المتوقع والسعر الفعلي. على سبيل المثال ، لنفترض أنك تريد شراء 20 BNB مقابل 1000 دولار ، لكنك تضع أمر سوق وينتهي بك الأمر فقط بالحصول على 9 BNB مقابل 1000 دولار. نادرا ما يكون الانزلاق بهذا القدر من الحدة ، ولكنه يختلف بانتظام في نطاق 1-3٪. عند وضع أوامر كبيرة ، من الأفضل عادة وضع أمر محدد بدلا من أمر السوق. هذا يلغي خطر الانزلاق.

دعم

الدعم هو السعر الذي يكافح عنده الأصل للاختراق بطريقة هبوطية لأن العديد من المستثمرين على استعداد لشراء الأصل بهذا السعر وبالتالي فإن ضغط الشراء يتجاوز بكثير ضغط البيع. في كثير من الأحيان ، إذا وصلت العملة إلى مستويات الدعم ، فسوف تنعكس إلى اتجاه صعودي. غالبا ما يكون ارتداد مستوى الدعم فرص شراء جيدة على المدى القصير ، على الرغم من أنه إذا تم اختراق مستويات الدعم بطريقة هبوطية ، فمن المحتمل حدوث انخفاض حاد وممتد.

سوينغ / التجار المتأرجحون

التأرجح هو انعكاس دراماتيكي في السعر. يحاول المتداولون المتأرجحون اللحاق بالتقلبات الخاصة بالسوق والأصول والتداول عليها.

دبابة /سكران

يشير إلى سعر يأخذ غطسة ضخمة ، على سبيل المثال ، "انخفض من 20 دولارا إلى 10 دولارات".

التحليل الفني

ينظر التحليل الفني إلى المؤشرات الفنية للتنبؤ بحركة السعر. يستخدم المحللون الفنيون البيانات التاريخية من الرسوم البيانية لعمل توقعاتهم. ارجع إلى قسم التحليل الفني في وقت سابق من الكتاب لإلقاء نظرة موسعة على التحليل الفني واستراتيجيات الرسوم البيانية المختلفة.

التقلبات

التقلب هو حجم تغير السعر في عملة أو رمز مميز ، وبالتالي القدرة واحتمال تغير السعر بسرعة ، سواء في اتجاه إيجابي أو سلبي. لذا ، فإن العملة التي تتحرك بنسبة 10٪ لأعلى في يوم ما ، و 27٪ لأسفل في اليوم التالي ، و 22٪ صعودا في اليوم الثالث تكون أكثر تقلبا من العملة التي تتحرك صعودا بنسبة 2٪ ، وتنخفض بنسبة 0.5٪ ، وترتفع بنسبة 1٪ أخرى. بعض العملات المعدنية ، وتحديدا العملات المستقرة ، لديها تقلبات قليلة جدا ، في حين أن العملات المعدنية أو الرموز الأخرى ، عادة تلك ذات القيمة السوقية الصغيرة نسبيا ، متقلبة للغاية وتتحرك صعودا وهبوطا بسرعة.

الفتائل /شعيرات /الظلال

الشعيرات هي الخطوط الممتدة من الأشرطة الملونة على مخططات الشموع اليابانية وتشير إلى النطاق المنخفض والعالي للأصل المحدد. الفتائل والشعيرات والظلال مترادفة.

لغة غير رسمية

سواء في غرف الدردشة المشفرة أو مشاهدة مقاطع الفيديو المشفرة أو قراءة أخبار التشفير ، فمن المؤكد أنك ستتكرر في اللغة العامية التي تملي ثقافة العملة المشفرة. تتطور الثقافة واللغة غير الرسمية معها دائما ، لكن هذا القسم سيساعدك على البدء.

كيس

تشير الحقيبة إلى موضع المرء. على سبيل المثال ، إذا كنت تمتلك كمية كبيرة من عملة معدنية ، فأنت تمتلك حقيبة منها.

حامل الحقيبة

حامل الحقيبة هو تاجر لديه مركز في عملة لا قيمة لها. غالبا ما يحمل حاملو الحقائب الأمل في المواقف التي لا قيمة لها.

دلفين

يتم تصنيف حاملي العملات المشفرة من خلال حجم المقتنيات. تسمى تلك التي لديها حيازات كبيرة للغاية الحيتان ، في حين أن تلك التي لديها حيازات متوسطة الحجم تسمى الدلافين.

التقليب / الخفقان

يستخدم "التقليب" لوصف اللحظة الافتراضية عندما ، إن وجد ، تجاوز الإيثريوم Bitcoin (ETH) (BTC) في القيمة السوقية. كانت "الخفقان" هي اللحظة التي تجاوزت فيها Litecoin (LTC) Bitcoin Cash (BCH) في القيمة السوقية. حدث الخفقان في عام 2018 ، في حين أن التقليب لم يحدث بعد ، واستنادا إلى القيمة السوقية البحتة ، فمن غير المحتمل في الوقت الحالي.

صانع

لا ينبغي الخلط بينه وبين عملة صانع. يصبح المستخدم صانعا عند تقديم طلب ، ولا يتم تنفيذ هذا الطلب على الفور. يصبح هذا الطلب مفتوحا ويتم وضعه في دفتر الطلبات حتى يتم الوفاء به.

قمر / إلى القمر

تشير عبارات مثل "إلى القمر" و "إنها ذاهبة إلى القمر" إلى ارتفاع قيمة العملة المشفرة ، عادة بمقدار كبير.

بخار

Vaporware هي عملة معدنية أو رمز مميز تم تضخيمه ولكن له قيمة جوهرية قليلة ومن المرجح أن تنخفض قيمته.

نادي فلاديمير
مصطلح يصف شخصا حصل على 1% من 1% (0.01%) من الحد الأقصى للعرض من العملة المشفرة.

ضعف الأيدي
يفتقر المتداولون الذين لديهم "أيد ضعيفة" إلى الثقة في الاحتفاظ بأصولهم في مواجهة التقلبات وغالبا ما يتداولون على العاطفة ، بدلا من الالتزام بخطة التداول الخاصة بهم.

حوت
الحوت هو شخص أو كيان يشغل موقعا كبيرا للغاية في عملة معدنية.

فومو
اختصار يعني "الخوف من الضياع".

فود
اختصار يعني "الخوف وعدم اليقين والشك".

هودل
خطأ إملائي في كلمة "hold" حدث عندما كتب حامل Bitcoin في حالة سكر عن طريق الخطأ "hodl" في منتدى Bitcoin. أصبح Hodl الآن مرادفا للتعليق ، على الرغم من أنه أكثر ثقافة إلى حد ما ، وتشير الكلمة أحيانا إلى اختصار يعني "تمسك بالحياة العزيزة" على الرغم من أن هذا ليس المعنى الأصلي.

ريكت
Rekt هي كلمة عامية تعني "محطم" وتستخدم لوصف التجارة السيئة أو الخسارة الكبيرة.

فوق وما بعد

يشكل ما يزيد قليلا عن أربعين مصطلحا ليست معرفة أساسية ولكنها لا تزال قابلة للتطبيق ومن المفيد بالتأكيد معرفتها. لا تتردد في تخطي هذا القسم حسب مستوى اهتمامك.

تحكيم

تتداول البورصات المتعددة نفس العملات المشفرة في أي وقت وأحيانا تحدث اختلافات صغيرة في السعر بين هذه البورصات. يحاول متداولو التحكيم الربح من هذا الهامش الصغير عن طريق شراء وبيع الفرق.

صراف آلي للبيتكوين

ماكينة الصراف الآلي للبيتكوين هي ماكينة صراف آلي يمكن من خلالها شراء أو بيع البيتكوين ، وربما العملات المشفرة الأخرى. تكتسب أجهزة الصراف الآلي للبيتكوين شعبية بالتوازي مع نمو البيتكوين وصناعة العملات المشفرة الأوسع.

بت

يشير الميكروبيتكوين ، أو البت ، إلى واحد من المليون من البيتكوين.

مستكشف الكتل

مستكشفو الكتل هي خدمات عبر الإنترنت تتعقب معاملات blockchain وتوفر الوصول إلى دفاتر الأستاذ العامة blockchain. Etherscan هو مستكشف كتلة شعبية.

العملات المشفرة للشركات

العملة المشفرة للشركات هي عملة مشفرة تم إنشاؤها أو إدارتها بواسطة كيان مؤسسي.

مشتق

مشتق العملة المشفرة هو منتج مالي يستمد القيمة من أصل أساسي ، مثل عملة معدنية أو رمز مميز ، ويسمح للمستثمرين بالتحوط من رهاناتهم وتخفيف الخسارة.

إنفاق مضاعف

يحدث الإنفاق المزدوج عندما يتم إرسال عملة مشفرة إلى محفظتين مختلفتين في نفس الوقت. تستفيد Blockchains من نماذج الإجماع المختلفة لوقف الإنفاق المزدوج ومن المستحيل عمليا تنفيذ مثل هذه الهجمات على معظم العملات المشفرة الرئيسية.

معاملة الغبار

معاملة الغبار هي معاملة صغيرة للغاية. في بعض الأحيان ، يغمر المهاجمون الشبكات بمعاملات الغبار لتعقب نشاط المعاملات لبعض المحافظ. من خلال تحليل مشترك لنشاط العنوان ، قد يتمكن المهاجمون من إخفاء هوية الشخص أو الشركة وراء المحفظة.

فرضية كفاءة السوق (EMH) / فرضية السوق التكيفية (AMH)

EMH هي نظرية اقتصادية تنص على أن سعر الأصول القابلة للتداول العام يعكس جميع المعلومات المتاحة للجمهور. نظرا لارتفاع العملات والرموز المميزة التي تتحرك في القيمة ببساطة بسبب الضجيج ، ومخططات الضخ والتفريغ ، وجميع الطرق الأخرى التي قد يؤدي بها الأصل إلى الاتجاه الصعودي دون أسباب أساسية أساسية ، فإن فرضية السوق الفعالة لا تعكس سوق العملات المشفرة الحالي.

تقترح فرضية السوق التكيفية ، AMH ، أن الأسواق المالية تحكمها قوانين علم الأحياء. وتشمل هذه القوانين على وجه الخصوص ما يلي: يتصرف الناس لمصلحتهم الذاتية، والناس يرتكبون أخطاء، والناس يتكيفون ويختارون بناء على الإجراءات السابقة. AMH أكثر حضورا في أسواق التشفير الحالية من EMH.

صنبور

الصنبور هو موقع ويب يقدم عملة مشفرة مجانية مقابل المعلومات ، مثل عنوان IP. الحنفيات هي عمليات احتيال وتختلف عن عمليات الإنزال الجوي. لا تقدم أبدا معلومات شخصية عبر الإنترنت ، خاصة مقابل العملة المشفرة "المجانية" الموعودة.

بدون احتكاك

السوق الخالي من الاحتكاك هو بيئة تداول مثالية لا توجد فيها تكاليف أو قيود على المعاملات. الأسواق الخالية من الاحتكاك هي نظرية فقط.

العقود الآجلة

العقد الآجل هو عقد معتمد مسبقا بين كيانين لإتمام معاملة بسعر أو تاريخ معين.

جيثب

GitHub عبارة عن نظام أساسي للتعاون للمبرمجين ومطوري البرامج ، حيث يمكن مشاركة التعليمات البرمجية مفتوحة المصدر وتنفيذها وتحسينها.

غطاء صلب

الحد الأقصى هو الحد الأقصى للمبلغ الذي يمكن لمنشئ (منشئي) العملة جمعه خلال ICO (العرض الأولي للعملة).

سداسي عشري (عرافة)

النظام السداسي العشري هو نظام ترقيم يستخدم لتقليل مقدار العمل الذي تحتاجه أجهزة الكمبيوتر. يعتمد النظام السداسي على 16 رمزا - من 0 إلى 9 ومن A إلى F.

وسام جبل الجليد

ينفذ أمر جبل الجليد أمرا كبيرا من خلال العديد من الطلبات الأصغر. هذا يسمح للأوامر والمشتري أو البائع بالبقاء متحفظين إلى حد ما ، حيث يتم استخدام أوامر جبل الجليد من قبل أولئك الذين يرغبون في إبقاء المعاملات الكبيرة تحت الرادار.

التعريفي

يحدث الإنستامين عندما يتم إنشاء العملات المعدنية كدفعة واحدة كبيرة ، بدلا من إنشاء عملات معدنية جديدة ببطء من خلال التعدين. Instamines ليست شائعة جدا وأكثر عرضة للاحتيال.

وقت القفل

تأتي بعض المعاملات مع قاعدة تؤخر الوقت الذي يمكن فيه التحقق من صحة المعاملة وتأكيدها. وهذا ما يسمى وقت القفل. الغالبية العظمى من سلاسل الكتل لا تنطوي على أوقات قفل.

عبارة ذاكري

عبارة ذاكري مرادفة لعبارة البذور. يصف كلا المصطلحين تسلسلات من 12 إلى 24 كلمة تحدد المحفظة وتمثلها. إنها مثل كلمة مرور احتياطية ، وأي شخص لديه حق الوصول الكامل إلى محفظة العملات المشفرة. تأكد من تخزين عبارات ذاكري بشكل آمن.

العملة المربوطة

العملة المربوطة ، مثل العملة المستقرة ، هي عملة مصممة للبقاء عند نفس سعر الأصل المحدد ، وعادة ما تكون عملة صادرة عن البنك. USDT و DAI هما عملتان مستقرتان شائعتان مرتبطتان بالدولار الأمريكي ، مما يعني أن 1 DAI و 1 USDT سيكونان مكافئين إلى الأبد للدولار الأمريكي.

إثبات السلطة (PoA)

تمنح خوارزمية PoA عددا صغيرا من المستخدمين سلطة التحقق من صحة المعاملات. هذا يوفر الطاقة الحسابية ويخلق عملية تحقق مبسطة.

إثبات العمل (أسير العمل)

يتم استخدام خوارزمية إثبات العمل لتأكيد المعاملات وإنشاء كتل جديدة على blockchain معين. "إثبات العمل" يعني حرفيا أن العمل ، من خلال الحساب الرياضي ، مطلوب لإنشاء كتل. الأشخاص الذين يمتلكون أجهزة الكمبيوتر التي تقوم بإجراء العمليات الحسابية هم عمال مناجم.

دليل على الحرق (بوب)

إثبات الحرق هو طريقة لتشغيل عملة مشفرة عن طريق "حرق" أو تدمير نسبة صغيرة من العرض. الحرق هو عكس التضخم ، والهدف من الحرق هو زيادة قيمة جميع العملات المعدنية الأخرى في الشبكة عن طريق زيادة الندرة. يعود التقسيم الموسع للعملات المشفرة الانكماشية والعملات المشفرة التضخمية والحرق إلى قسم آليات العرض.

هجوم السباق

يحدث هجوم السباق ، وهو مجموعة فرعية من هجمات الإنفاق المزدوج ، عندما يتم إنشاء معاملتين بنفس الأموال في نفس الوقت ، بهدف إنفاق الأموال مرتين ومضاعفة المبلغ الأولي.

عنوان الاسترجاع

عنوان الاسترداد هو عنوان محفظة يعمل كنسخة احتياطية في حالة فشل المعاملة. في حالة حدوث مثل هذا الحدث ، يتم رد المبالغ المدفوعة إلى عنوان الاسترداد المحدد. عناوين استرداد الأموال ليست شائعة ، وفي معظم الحالات ، تكون المعاملات المرسلة إلى العنوان الخطأ غير قابلة للإرجاع.

سكريبت

التشفير هو خوارزمية تقوم بتشفير البيانات (لا سيما المفاتيح) بطريقة تجعل فرض المعلومات الغاشمة أمرا صعبا للغاية. تتطلب المفاتيح المشفرة بالتشفير قدرا هائلا من القوة الحسابية للاختراق (تقنيا ، للتجزئة) ، مما يرفع حاجز الدخول للمهاجمين المحتملين.

شاهد منفصل (SegWit)

تسمح عملية SegWit باحتواء المزيد من المعاملات داخل كتلة واحدة عن طريق فصل توقيعات المعاملات.

التعدين الأناني

التعدين الأناني هو استراتيجية تعدين جماعية يقوم فيها عمال المناجم بحجب الكتل بشكل استراتيجي لزيادة الأرباح.

المشاركة

المشاركة هي عملية تقسيم شبكة blockchain إلى أجزاء أصغر. بهذه الطريقة ، يمكن تسجيل المعاملات وتخزينها في جزء واحد فقط ، بدلا من المرور عبر كل عقدة في الشبكة. يتيح التجميع قابلية التوسع والسرعة في blockchain.

صلابه

Solidity هي لغة برمجة ، تماما مثل Python أو Java ، والتي تستخدم لكتابة وتطوير عقود Ethereum الذكية.

كتلة قديمة / كتلة اليتيم

نظرا للفصل الجغرافي للعقد في شبكة blockchain ، يمكن أن توجد سلاسل متعددة ، لكل منها كتل متعددة ، في وقت واحد. في بعض الأحيان ، قد يقوم اثنان من عمال المناجم ، كل منهما في مواقع جغرافية مختلفة ، بتجزئة (حل) كتلة في نفس الوقت تقريبا. كلتا الكتلتين صالحتان ، وكلاهما يصل إلى سلاسل مختلفة. سيتم "اختيار" كتلة واحدة كحقيقة ، مع تحديد الاختيار بطول السلسلة. تعرف الكتلة التي لم يتم قبولها باسم الكتلة القديمة أو اليتيمة.

دفتر الأستاذ بدون رمز

دفتر الأستاذ بدون رمز هو دفتر أستاذ موزع لا يتطلب عملة مشفرة لتعمل.

قفل الرمز المميز

تحدث عمليات إغلاق الرمز المميز عندما لا يسمح بنقل أو تداول رمز أو عملة معدنية.

بيع الرمز المميز

بيع الرمز المميز ، والذي يشار إليه أيضا باسم ICO (عرض العملة الأولي) ، هو فترة بيع محدودة يتم فيها طرح عدد محدد من العملات الجديدة للبيع مقابل عملة مشفرة أخرى.

معرف المعاملة (تكسيد)

TXID هي معرفات المعاملات المستخدمة للإشارة إلى المعاملات على blockchain.

تورينج كاملة

Turing complete هو مصطلح يصف الآلات النظرية التي يمكنها حل أي مشكلة حسابية ، إذا أعطيت ما يكفي من الوقت والذاكرة والتعليمات المناسبة.

مخرجات المعاملات غير المنفقة (UTXO)

UTXO هو مقدار العملة الرقمية المتبقية بمجرد تنفيذ المعاملة. تحتوي محفظة التشفير على العديد من UXTO ، وكلها تمثل مقدارا معينا من العملة المعدنية أو الرمز المميز. يمكن اعتبار UXTO بشكل أساسي فواتير أصغر عند الدفع بفواتير أكبر. إنها تسمح لك بشراء وبيع أجزاء من العملات المعدنية ، بدلا من كميات كاملة من هذه العملات المعدنية. بهذه الطريقة ، تتيح لك UXTO شراء عشر عملة البيتكوين بدلا من واحد.

الجهاز الظاهري

الجهاز الظاهري هو مورد كمبيوتر يسمح للمستخدمين بتشغيل أنظمة التشغيل على أجهزة الكمبيوتر. تعمل أنظمة التشغيل هذه كأجهزة كمبيوتر منفصلة على الرغم من وجودها افتراضيا بحتا.

وي
وي هي أصغر فئة ممكنة من رمز إيثر.

معاملة تأكيد الصفر
معاملة التأكيد الصفري هي معاملة لم يتم تسجيلها بعد على blockchain. ثم يفترض البائع على الفور أن الأموال قد تم تسليمها ويسلم ما تم بيعه.

براهين المعرفة الصفرية
تتحقق إثباتات المعرفة الصفرية من المعاملات دون الكشف عن معلومات حول المعاملة ، وبالتالي الحفاظ على خصوصية معلومات المترجم مع الحفاظ على وسائط معاملات آمنة وفعالة.

المختصرات

تعتبر في هذا القسم الاختصارات الأساسية المستخدمة في عالم التشفير. العديد من المختصرات المدرجة لها تعريف داعم في مكان آخر في القاموس. إذا كانت هذه هي الحالة ، فابحث في الفهرس في نهاية الكتاب لتحديد الموارد الموسعة.

AMH
اختصار يعني "فرضية السوق التكيفية".

ATH / ATL
اختصار يعني "أعلى مستوى على الإطلاق". هذا هو أعلى سعر تصل إليه العملة المشفرة خلال فترة زمنية مختارة. ATL تعني "أدنى مستوى على الإطلاق" وهي أدنى سعر تصل إليه العملة المشفرة خلال فترة زمنية مختارة.

بي تي دي
اختصار يعني "شراء الانخفاض". يمكن أيضا تمثيلها ، مع بعض اللغة المالحة ، باسم BTFD.

سي إي إكس
اختصار يعني "التبادل المركزي". البورصات المركزية مملوكة لشركة تدير المعاملات. Coinbase هو CEX شعبية.

ديور
اختصار يعني "قم بأبحاثك الخاصة".

إي إم إتش
اختصار يعني "فرضية السوق الفعالة".

فا
اختصار يعني "التحليل الأساسي".

فومو
اختصار يعني "الخوف من الضياع".

فود
اختصار يعني "الخوف وعدم اليقين والشك".

إيكو
اختصار يعني "عرض العملة الأولي".

جومو
اختصار يعني "فرحة الضياع".

MCAP
اختصار يعني "القيمة السوقية".

أوكو
اختصار يشير إلى نوع الطلب "أحدهما يلغي الآخر". يسمح أمر OCO بوضع طلبين في نفس الوقت. بمجرد أن يتم تنفيذ أحد الطلبات جزئيا أو كليا ، سيتم إلغاء الطلب المتبقي تلقائيا. تسمح البورصات الشائعة مثل Binance بأوامر OCO.

P2P
اختصار يعني "نظير إلى نظير".

PND
اختصار يعني "ضخ وتفريغ".

دوروا
اختصار يعني "العائد على الاستثمار".

ساتس
SATS هو اختصار لساتوشي ناكاموتو ، وهو الاسم المستعار الذي يستخدمه منشئ Bitcoin. SATS هي أصغر وحدة مسموح بها من البيتكوين ، وهي 0.00000001 BTC. يشار أيضا إلى أصغر وحدة من البيتكوين باسم ساتوشي.

تا
اختصار يعني "التحليل الفني".

TLT
اختصار يعني "التفكير على المدى الطويل".

المختصرات: فوق وما بعدها

مكافحة غسل الأموال
اختصار ل "مكافحة غسيل الأموال".

اسيك
اختصار ل "دائرة متكاملة خاصة بالتطبيق".

المنتدي
اختصار ل "هجوم القوة الغاشمة".

داو
اختصار ل "منظمة مستقلة لامركزية".

دفاتر الحسابات
اختصار ل "تقنية دفتر الأستاذ الموزع". يتم تخزين دفتر الأستاذ الموزع في العديد من المواقع المختلفة بحيث يمكن التحقق من صحة المعاملات من قبل أطراف متعددة. تستخدم شبكات Blockchain دفاتر الأستاذ الموزعة.

DPOS
اختصار يعني "إثبات مفوض للحصة". DPOS هي خوارزمية إجماع مصممة لتأمين سلاسل الكتل باستخدام عملية انتخابية بين العقد.

إيلي 5
اختصار يعني "اشرح الأمر كما لو كنت 5".

الاكتتاب
اختصار يعني "الاكتتاب العام الأولي".

إيو
اختصار يعني "عرض التبادل الأولي".

إم إس بي

اختصار يعني "أعمال الخدمات المالية". يقوم MSB بنقل الأموال أو تحويلها بطريقة أو شكل. العملات المشفرة هي MSB.

مؤشر القوة النسبية

اختصار يعني "مؤشر القوة النسبية". مؤشر القوة النسبية RSI هو مؤشر شائع يستخدم في التحليل الفني.

تور

اختصار يعني "الشروط المرجعية".

TPS

اختصار يعني "المعاملات في الثانية".

أوتكسو

اختصار يعني "إخراج المعاملات غير المنفقة".

كتالوج مرئي

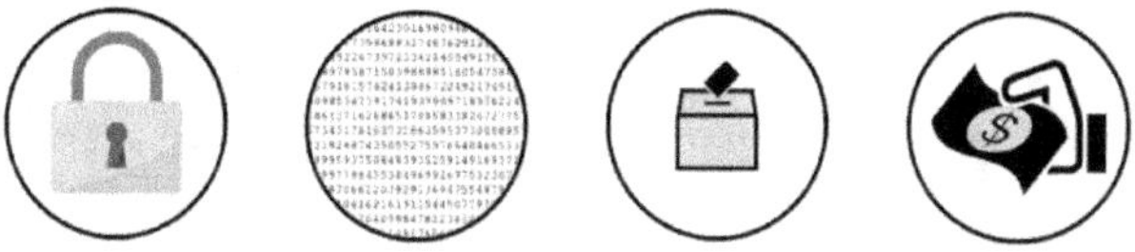

1.0 الرمز المميز الأربعة الأنواع ـ الأمن ، المنفعة ، الحوكمة ، المعاملات.

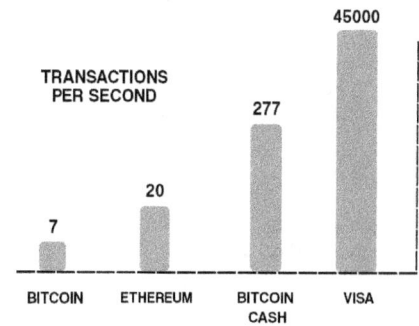

1.1 معاملات السعة في الثانية للبيتكوين والإيثريوم والبيتكوين كاش وفيزا.

1.2 تصور شوكة، حيث ينفصل إصدار جديد من blockchain عن القديم.

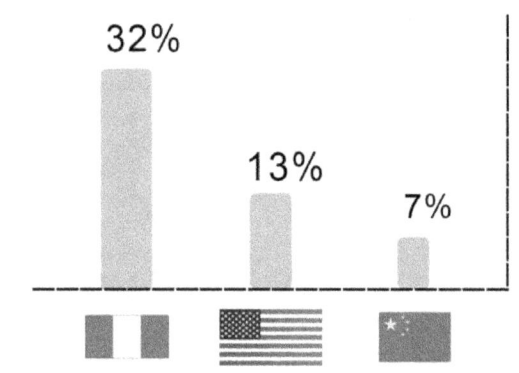

1.3 النسبة المئوية للمستجيبين الذين يمتلكون العملات المشفرة - تحتل نيجيريا المرتبة الأولى ، بينما تتدلى الولايات المتحدة حول 1 و 8 والصين ، على الرغم من الحظر الكبير ، لا تزال حوالي 7٪.

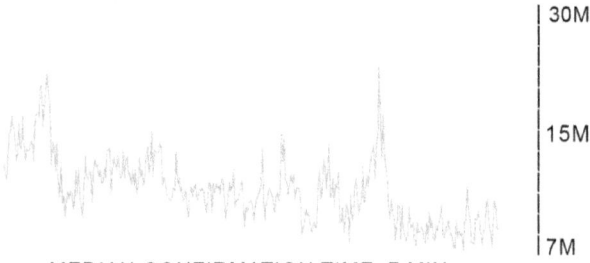

1.4 متوسط وقت تأكيد المعاملة من شبكة بلوكتشين. (افترض التباين.)

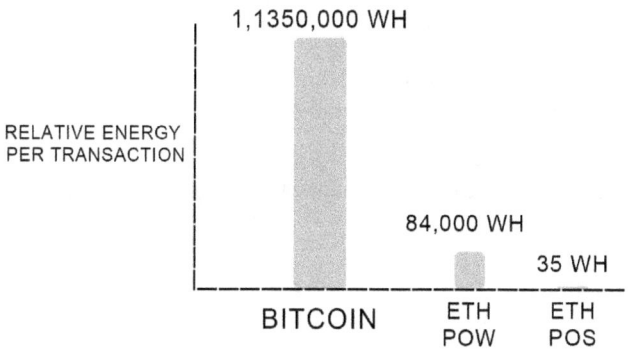

1.5 استهلاك الطاقة النسبي لكل معاملة من Bitcoin و Ethereum على نظام إثبات العمل الحالي و Ethereum 2.0 بمجرد التحول إلى إثبات الحصة.

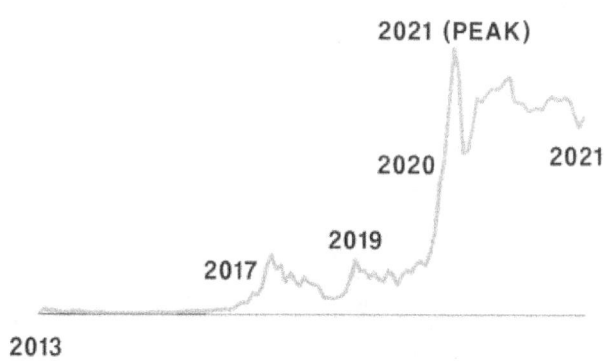

1.6 عرض مبسط لحركة سعر البيتكوين منذ البداية. اعتبارا من أواخر عام 2021 ، عاد السعر منذ ذلك الحين إلى القمم السابقة.

1.7 تصور لكيفية زوج من publiج والمفاتيح الخاصة تستخدم لإنشاء وسيلة آمنة للمعاملات.

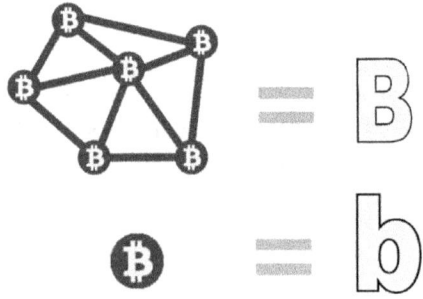

1.8 يتم رسملة البيتكوين عند الإشارة إلى الشبكة ، ولكن ليس الوحدة. قد يقول المرء "لقد اشتريت 10 عملات بيتكوين على شبكة البيتكوين".

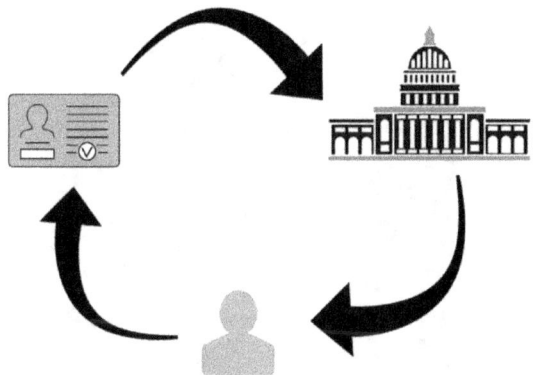

1.9 تتيح معظم العملات المشفرة إخفاء الهوية بالكامل، لكن الحكومات تميل إلى طلب تداول العملات المشفرة من خلال البورصات المركزية ، والتي بدورها تتطلب KYC القوانين (اعرف عميلك).

2.0 العملات المشفرة تعمل من خلال العقد، وهي أجهزة كمبيوتر تنضم إلى الشبكة وتساعد في تشغيلها.

2.1 عمال مناجم العملات المشفرة إقراض الطاقة الحسابية لشبكة التشفير. في مقابل توفير هذه القوة ، يتم منح عمال المناجم مكافآت في عملة أو رمز معين.

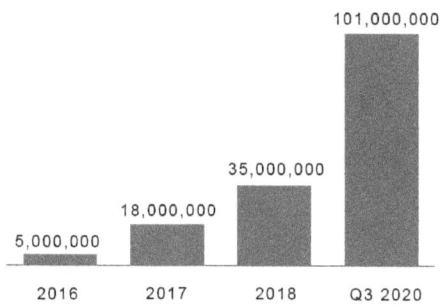

2.2 عدد مستخدمي التشفير الذين تم التحقق من هويتهم من 2016 إلى Q3 2020. (بيانات من statista.com).

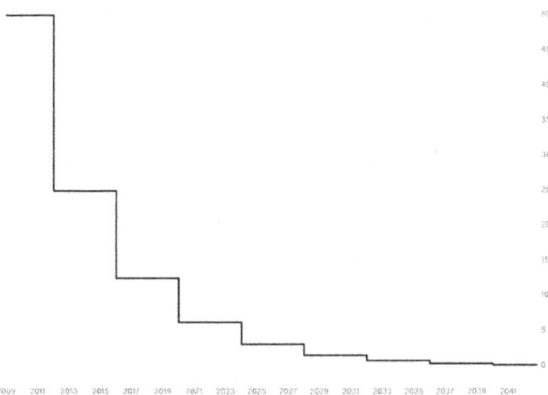

2.3 عدد العملات المضافة إلى شبكة Bitcoin كل دقيقة ، مما يقلل بمقدار النصف لمدة أربع سنوات. أحدث نصف ، في عام 2020 ، خفض مكافأة الكتلة من 12.5 بيتكوين لكل كتلة إلى 6.25. سيحدث التالي في عام 2024.

اللاعبون الرئيسيون

ما يلي ليس بأي حال من الأحوال قائمة كاملة ، ويعمل فقط على تعريفك بلاعبين بارزين في مجال العملات المشفرة. تم تضمين 25 اسما ، مع أقسام خاصة مخصصة لساتوشي ناكاموتو وفيتاليك بوتيرين ، اللذين أنشآ على التوالي أول وثاني أكبر عملة مشفرة.

ساتوشي ناكاموتو

ساتوشي ناكاموتو هو الفرد ، أو ربما مجموعة الأفراد ، الذين أنشأوا البيتكوين. لا يعرف الكثير عن هذا الرقم الغامض ، وقد أدى عدم الكشف عن هويته إلى ظهور عدد لا يحصى من نظريات المؤامرة. في حين أن ناكاموتو قد أدرج نفسه على أنه رجل يبلغ من العمر 45 عاما من اليابان على موقع رسمي لمؤسسات نظير إلى نظير ، إلا أنه يستخدم التعابير البريطانية في رسائل البريد الإلكتروني الخاصة به. بالإضافة إلى ذلك ، تتوافق الطوابع الزمنية لعمله بشكل أفضل مع شخص مقيم في الولايات المتحدة أو المملكة المتحدة. يعتقد معظمهم أن اختفاءه كان مخططا له ، وبما أن ناكاموتو يمتلك حاليا ثروة تزيد قيمتها عن 50 مليار دولار (أي ما يعادل 1.1 مليون بيتكوين) ، فإن هذا المليارديرالمجهول ، والد العملة المشفرة ، يمكن أن يكون أغنى شخص في العالم إذا ارتفعت عملة البيتكوين بضع مئات بالمائة أخرى.

فيتاليك بوتيرين

تم طرح مفهوم منصة Ethereum لأول مرة بواسطة Vitalik Buterin في عام 2013. بوتيرين هو مبرمج روسي كندي عمل خلال عام 2014 مع مجموعة من الأفراد لتشكيل ما يعرف اليوم باسم مؤسسة Ethereum. تم تمويل التطوير بشكل جماعي ، حيث قام المستثمرون بشراء Ether (ETH) باستخدام Bitcoin (BTC) من أجل إطلاق المشروع. بدأت مشاركة بوتيرين في العملات

المشفرة في عام 2011 ، عندما بدأ الكتابة لـ *Bitcoin Weekly* ، وبعد ذلك لمجلة *Bitcoin* ، التي كان مؤسسا مشاركا لها. ساعدت مشاركته في مجتمع البيتكوين على ترسيخ جذوره بقوة في مفهوم العملة المشفرة وتحريكه نحو ما اعتبره فرصة لا تتكرر إلا مرة واحدة في الجيل.

في حين أن Ethereum هي منظمة عامة وشفافة ، فإن مشاركة Buterin في المشروع قد منحته شيئا من الوضع الصوري ، وآرائه وأنشطته لها بعض التأثير على الأداء المالي للشبكة والرموز الأساسية.

منذ إنشاء Ethereum ، قادت مؤسسة Ethereum التطوير التقني للشبكة. في البداية ، كانت Ethereum مشابهة وظيفيا للعملات المشفرة الأخرى. ومع ذلك ، مع عملية المؤسسة لإضافة إمكانات جديدة إلى الشبكة ، قدم Vitalik Buterin والفريق ميزات موجودة الآن في كل مكان مثل السلاسل الجانبية للرموز ، والتجزئة ، وقدرات NFT ، والمزيد.

تشارلي لي
مؤسس لايتكوين.

بريان ارمسترونج
مؤسس كوين بيز.

أندرياس م. أنتونوبولوس
مؤلف كتب شهيرة مثل *إتقان البيتكوين* و*إنترنت المال*.

زابو
وضع زابو تصورا للعقود الذكية لأول مرة في عام 1994 وصمم Bit Gold ، وهو سلف لامركزي لبيتكوين. ارجع إلى القادم لمزيد من المعلومات حول Bit Gold.

براد جارلينجهاوس
الرئيس التنفيذي لشركة ريبل.

نافال رافيكانت
رافيكانت هو مستثمر معروف (اقتراح كتاب: *The Almanack of Naval Ravikant*) ومدافع عن العملة المشفرة.

كاميرون وتايلر وينكلفوس

توأمان Winklevoss هما موضوعان لفيلم "الشبكة الاجتماعية" والتجديف الأولمبي السابق. لقد حققوا المليارات من خلال الاستثمار في وقت مبكر في Bitcoin وأطلقوا لاحقا بورصة التشفير Gemini.

مايكل سايلور
سايلور هو الرئيس التنفيذي لشركة البرمجيات MicroStrategy ، التي كانت واحدة من أوائل الشركات الكبرى التي اشترت Bitcoin بنشاط. حققت الشركة مليارات الدولارات من شراء 114 ألف بيتكوين بتكلفة 27 ألف دولار.

ماثيو روزاك
Roszak هو رأسمالي مغامر ومن أوائل المتبنين للبيتكوين.

تيم درابر
درابر هو رأسمالي مغامر اشترى عملات البيتكوين التي صادرها المارشالات الأمريكيون بعد القضاء على طريق الحرير - 18.7 مليون دولار دفعها مقابل 30،000 بيتكوين تساوي الآن 2 مليار دولار.

تشانغبنغ تشاو
تشاو هو مؤسس بورصة العملات المشفرة Binance.

باري سيلبيتي
أسس Silbety مجموعة العملات الرقمية (DCG) ، وهي تكتل تشفير يدير كيانات مثل CoinDesk و Grayscale.

كريس لارسن
مؤسس مشارك ورئيس مجلس إدارة Ripple.

جيد ماكالب
مؤسس مشارك لـ Ripple ومؤسس Stellar.

هايدب آدامز
مؤسس يونيسواب.

أندرو كروني
مطور ومؤسس شركة Yearn.finance

كريس مارسالر
أحد مؤسسي crypto.com

جيسي باول
الشريك المؤسس والرئيس التنفيذي لشركة Krane.

جافين وود
المؤسس المشارك لبولكادوت.

جيهان وو
المؤسس المشارك والرئيس التنفيذي لشركة Bitmain Technologies.

تشارلز هوسكينسون
المؤسس المشارك ل Input Output HK.

جافين وود
مؤسس ورئيس مؤسسة Web3.

سيرجي نازاروف
الشريك المؤسس لشركة ChainLink والرئيس التنفيذي لشركة SmartContract.

تاريخ و الجدول الزمني

يشكل ما يلي جدولا زمنيا تاريخيا للعملات المشفرة و blockchain والتقنيات اللامركزية والمسائل ذات الصلة.

1979

- يصف عالم الكمبيوتر رالف ميركل نهجا لتوزيع المفاتيح العامة والتوقيعات الرقمية تسمى "مصادقة الشجرة" في أطروحة الدكتوراه بجامعة ستانفورد.

1982

- يصف ديفيد شوم نظام قبو لغير موثوق بهم التفاعل عبر الإنترنت في أطروحة الدكتوراه لعام 1982 لجامعة كاليفورنيا في بيركلي.

1983

- ديفيد شوم يطور eCash ، والتي يتم إطلاقها بهدف السماح للأشخاص بتحويل الأموال بشكل مجهول عبر الإنترنت.

1989

- يواصل شوم تأسيس DigiCash، الذي يعتمد على مفهوم eCash ، ومثل eCash ، يفشل.

1991

- يصف ستيوارت هابر ودبليو سكوت ستورنيتا سلسلة من الكتل المؤمنة بالتشفير لأول مرة ، وكذلك عملية للطابع الزمني المستندات الرقمية.

1992

- يقوم هابر وستورنيتا بتحديث تصميماتهما لدمج أشجار ميركل من أجل السماح بوجود شهادات مستندات متعددة في كتلة واحدة.

1997

- آدم باك يقدم هاشكاش، وهي خوارزمية إثبات العمل التي تهدف إلى الحد من البريد الإلكتروني العشوائي من خلال التدابير المضادة لرفض الخدمة.

1998

- يتم صياغة العملة المشفرة (لا يقصد التورية) كمصطلح ، في نفس العام تفلس DigiCash.
- عالم الكمبيوتر وي داي إطلاق B-money ، والذي يهدف إلى أن يكون نظاما نقديا إلكترونيا موزعا مجهول الهوية.
- زابو يبدأ العمل على عملة رقمية لامركزية تسمى Bit Gold، والتي لا يتم تنفيذها أبدا.

1999

- نابستر يتكبد ارتفاعا في استخدام وشعبية نظير إلى نظير الشبكات.

2000

132

- ينشر ستيفان كونست نظرية حول السلاسل المؤمنة بالتشفير بالإضافة إلى أفكار للتنفيذ العملي.

2004

- هال فيني يقدم إثبات العمل القابل لإعادة الاستخدام، وهي آلية لتلقي الرموز غير القابلة للاستبدال.

2008

- ساتوشي ناكاموتو ينشر ورقة بيتكوين البيضاء.

2009

- كتلة بيتكوين جينيسيس ملغومة.
- تحدث أول معاملة بيتكوين في الكتلة 170 بين ساتوشي ناكاموتو وهال فيني ، ويتلقى الأخير 10 بيتكوين من ناكاموتو.
- تم إنشاء أول بورصة بيتكوين ، تسمى معيار الحرية الجديد. بورصة أخرى ، Bitcoin Market ، تطلق في نفس الشهر.
- ناكاموتو يطلق منتدى Bitcointalk.

2010

- ينفق لازلو هانيكز 10000 بيتكوين على اثنين من بيتزا بابا جون. ومع ذلك ، في مقابلات لاحقة ، قال إنه غير نادم على قراره البالغ 500 مليون دولار.

2011

- تصل عملة البيتكوين إلى 1 دولار أمريكي لكل عملة لأول مرة.
- تشارلي لي يطلق لايتكوين، وهي شوكة من البيتكوين.
- إطلاق bidDNS على Namecoin blockchain ويسمح للمستخدمين بسك أسماء نطاقات فريدة وقابلة للتحويل ، وبالتالي فهي بمثابة تطبيق أولي ل NFTs.

2012

- أول تنصيف بيتكوين يحدث.
- بيركوين تنشر ورقة تقدم إثبات الحصة.
- Coinbase تجمع 600 ألف دولار وتطلق منصة التبادل الخاصة بها.
- مؤسسة البيتكوين تم تأسيسها للترويج للبيتكوين.
- ميهاي أليسي وفيتاليك بوتيرين (مؤسس Ethereum) يطلقان *مجلة Bitcoin*.
- وجد كريس لارسن وجيد ماكالب OpenCoin ، مما يؤدي إلى تطوير الريبل (XRP) بروتوكول المعاملة.
- ميني روزنفيلد تنشر ورقة بعنوان "نظرة عامة على العملات الملونة" الذي يفصل فئة صغيرة من عملات البيتكوين التي يمكن استخدامها لتمثيل الأصول الفردية ، وبالتالي فهي بمثابة مثال مبكر على الرمز المميز غير القابل للاستبدال التطبيقات.

2013

- تصل قيمة البيتكوين إلى 1 مليار دولار من القيمة السوقية.

- فيتاليك بوتيرين يقدم إيثريوم والعقود الذكية في ورقة بيضاء.
- تمت سرقة 25000 بيتكوين من محفظة مؤسس منتدى البيتكوين.
- دوجكوين تطلق.
- يكتب GameKyuubi عن طريق الخطأ "أنا hodling" في منتدى bitcointalk ، وبالتالي يحول "hodl" إلى مصطلح فيروسي وشبه رسمي.
- كوين بيز تجمع 25 مليون دولار في جولة تمويل من السلسلة ب.
- أغلق مكتب التحقيقات الفيدرالي طريق الحرير ويصادر 26000 بيتكوين.
- إطلاق الريبل (XRP).

2014

- كيفن مكوي يسك أول NFT لمرة واحدة يسمى "Quantum" ويصفه بأنه رسم نقدي.
- تقبل Microsoft البيتكوين كدفعة لألعاب Xbox وبرامج Window.
- الطرف المقابل عمليات الإطلاق ، والتي تسمح بإنشاء أصول غير قابلة للاستبدال.
- اندفاعه (داش) إطلاق.
- ممتاز (XLM) إطلاق.
- الحبل (USDT) يتم إطلاقها كعملة مستقرة ، والتي تربط نفسها بقيمة الدولار الأمريكي.
- قراصنة يسرقون 450 مليون دولار من عملات البيتكوين من بورصة Mt. Gox.

2015

- ناسداك تطلق تجربة بلوكتشين.
- كوين بيز تجمع 75 مليون دولار في جولة تمويل من السلسلة C.
- تم إطلاق شبكة Ethereum Frontier ، والتي تمكن المطورين من كتابة العقود الذكية و dApps التي يمكن نشرها على شبكة حية.
- ناسداك تبدأ تجربة بلوكتشين.
- مؤسسة لينكس تطلق هايبرليدجر المشروع ، الذي يقدم أدوات blockchain مفتوحة المصدر.
- 40 مؤسسة مالية في الولايات المتحدة تشكل كونسورتيوم R3 لاستكشاف كيف يمكن أن تفيد blockchain عملياتها.
- فئة إيثريوم تطلق.
- إثيريا، أول مشروع NFT ، تم إطلاقه في أول مؤتمر لمطوري Ethereum.
- يعد منشئو ألعاب Spells of Genesis رائدين في إصدار أصول غير قابلة للاستبدال داخل اللعبة ويقومون بذلك عبر Counterparty.

2016

- DAO (منظمة الحكم الذاتي اللامركزية) تخسر 50 مليون دولار في الاختراق.
- يحدث تنصيف البيتكوين الثاني.
- Bidorbuy ، أكبر سوق في جنوب إفريقيا ، تطلق مدفوعات البيتكوين للمشترين والبائعين.
- تم اختراق Bitfinex ، وهي بورصة تشفير رئيسية ، وسرقة 120,000 بيتكوين.

- يتم استغلال خطأ في كود Ethereum DAO ، مما يؤدي إلى انقسام ثابت لشبكة Ethereum.
- يتعاون الطرف المقابل مع لعبة بطاقة تداول تسمى Force of Will لإطلاق بطاقات رمزية.
- ميتاماسك تطلق.
- شجاع، وهو متصفح ويب مفتوح المصدر يركز على الخصوصية مع إطلاق رمز مميز مصاحب (BAT).

2017

- تم اختراق تبادل البيتكوين Bitthumb لتصل قيمتها إلى 20 مليون دولار.
- العملات الافتراضية معترف بها رسميا في اليابان وتصبح البيتكوين طريقة دفع قانونية.
- تعلن روسيا عن خطط لإضفاء الشرعية على استخدام العملات المشفرة ، وتم سن هذه الخطط لاحقا في عام 2020.
- تصل عملة البيتكوين إلى 10000 دولار أمريكي لكل عملة.
- بيتكوين كاش، وهو هارد فورك بيتكوين آخر، يتم إطلاقه مع زيادة حد حجم الكتلة.
- تشكل البنوك الأوروبية اتحاد سلسلة التجارة الرقمية لتطوير منصة تمويل تجاري تعتمد على blockchain.
- تقدم شركة Block.one EOS نظام التشغيل blockchain والرمز المميز ، بهدف دعم dApps التجارية.
- كاردانو (ADA) يطلق.
- معيار ERC-721 مقترح.
- الكريبتوباكس إطلاق المشروع.
- كريبتوكيتيز يتم إطلاق المشروع وينتشر بسرعة ، ويجمع 12.5 مليون دولار.
- ديسنترالاند (مانا) تطلق.
- البحر المفتوح إطلاق سوق NFT.

2018

- يبلغ عمر البيتكوين 10 سنوات.
- تقبل سويسرا بعض المدفوعات الضريبية بالإيثر والبيتكوين.
- تتطلب كوريا الجنوبية أن يكشف جميع متداولي البيتكوين عن هويتهم.
- تحظر Google و Facebook و Twitter الإعلان عن مشاريع التشفير.
- المفوضية الأوروبية تطلق مرصد ومنتدى بلوكتشين.
- ديسنترالاند تجمع 26 مليون دولار في ICO.
- تم إطلاق لعبة Axie Infinity المستندة إلى NFT.

2019

- مايكروسوفت تطلق خدمة بلوكتشين.
- تفتح أمازون خدمة Amazon Managed Blockchain على AWS.

- وول مارت تطلق نظام سلسلة التوريد باستخدام Hyperledger.
- نايكي براءات اختراع لنظام يسمى كريبتو كيكس التي تستخدم NFTs للتحقق من صحة الأحذية المادية.

2020

- تعترف بورصة فرانكفورت بأول ورقة بيتكوين متداولة في البورصة.
- يسمح PayPal للمستخدمين بشراء وبيع عدد محدد من العملات المشفرة على منصته.
- Ethereum تطلق سلسلة منارة استعدادا ل Ethereum 2.0 ، والذي يهدف إلى الانتقال إلى PoS.
- Dapper Labs تطلق النسخة التجريبية من NBA TopShot، التي تبيع المقتنيات الرقمية المتعلقة بالدوري الاميركي للمحترفين.

2021

- شيبا إينو (SHIB) تشهد زيادة بنسبة 98.1 مليون في المائة وتتجاوز Dogecoin في القيمة السوقية ، مدعومة بعودة ظهور عملة meme.
- CryptoPunks يجتاز تقييم مليار دولار.
- الفنان الرقمي Beeple يبيع NFT مقابل رقم قياسي قدره 69.3 مليون دولار.
- كوين بيز يتم طرحه للاكتتاب العام وينهي يومه الأول عند تقييم 85.7 مليار دولار.
- تتجاوز عملة البيتكوين القيمة السوقية البالغة 1 تريليون دولار.
- تم إطلاق أول صندوق Bitcoin ETF (شريط: BITO) في سوق الأسهم الأمريكية.
- السلفادور تتبنى Bitcoin كعملة قانونية ، لتصبح أول دولة تفعل ذلك.

مشروعيه

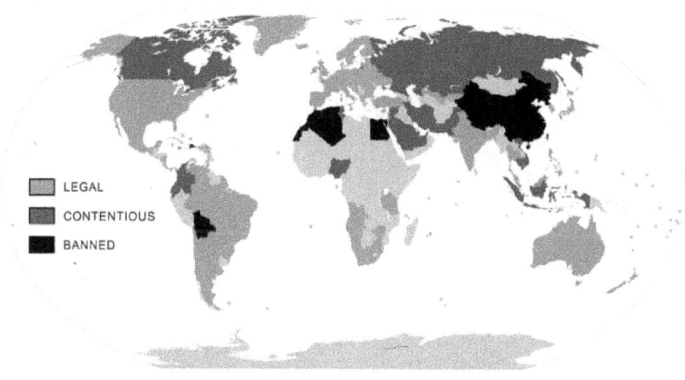

العملات المشفرة قانونية تماما في جميع البلدان غير المدرجة في القائمة التالية اعتبارا من أوائل عام 2022.

غير شرعي:
الجزائر
مصر
المغرب
بوليفيا
نيبال
الصين

الحظر المصرفي:
نيجيريا
كندا
كولومبيا
الإكوادور
روسيا
المملكة العربية السعودية
الأردن

قطر
إيران

بنغلاديش
تايوان
كمبوديا

آخر:

تركيا - الحظر المصرفي وغير قانوني كأداة للدفع.
إندونيسيا - غير قانوني كأداة دفع.
فيتنام - غير قانوني كأداة دفع.

تشفير سؤال وجواب

يجيب هذا القسم على 15 من الأسئلة الأكثر شيوعا حول Bitcoin و Ethereum و Blockchain. تتقدم الأسئلة على النحو التالي:

بيتكوين

- ما هو الهدف من البيتكوين؟
- هل تعدين البيتكوين مربح؟
- هل البيتكوين قديم؟
- هل البيتكوين دوري؟
- هل يمكنك شراء الأشياء باستخدام البيتكوين؟

إيثريوم

- هل إيثريوم عملية احتيال؟
- ما هو الإيثريوم مقابل الإيثريوم؟
- هل إيثريوم مجهول؟
- هل يمكن اختراق الإيثريوم؟
- هل يمكن أن تتغير قواعد الإيثريوم؟

بلوكتشين

- ما هي العقدة؟
- كيف تعمل العقود الذكية؟
- ما هي الشوك؟
- من اخترع البلوكشين؟
- ما هي البلوكشين المستخدمة؟

سؤال وجواب # 1 - بيتكوين

ما هو الهدف من البيتكوين؟

تأتي القيمة الأساسية للبيتكوين من تطبيقاتها كمخزن للقيمة ووسيلة للمعاملات الخاصة والعالمية والآمنة. هذا ، في جوهره ، هو الهدف من Bitcoin. غرض تم تنفيذه بنجاح كبير ، بالنظر إلى عوائده التاريخية و 300000 معاملة يومية أو نحو ذلك تم تنفيذها على شبكتها.

على أساس أيديولوجي أكثر (يتفق ناكاموتو بالتأكيد مع هذا) ، عملت Bitcoin كمحفز هائل لكل ما يتعلق باللامركزية و blockchain والعملات المشفرة. لا يمكن قياس تأثير البيتكوين على العالم ، وكذلك الغرض منه ، فقط في القيمة السوقية أو حجم المعاملات ، ولكن من الأفضل اعتباره اختراعا.

الاختراعات تغير العالم بشكل جذري وتولد أفكارا ومجتمعات وطرقا جديدة للحياة. فكرة Bitcoin هي فكرة نظام يعمل بطريقة شفافة وموزعة. هذه ، في جوهرها ، ولا حتى فحص إيجابياتها وسلبياتها ، هي فكرة جديدة جذريا ، مدعومة بتكنولوجيا العمل ، والتي تقدم بديلا غير مسبوق للتواصل والتعاون.

لذا ، فإن تقنية Bitcoin لها غرض واضح ، وهو أن تكون بمثابة عملة رقمية موزعة وغير موثوقة. فكرة البيتكوين لها أيضا هدف واضح ، على الرغم من كل عيوبها - فكرة توفر بديلا لمعظم جوانب الحياة الحديثة وفكرة لا يتم تحقيقها على الأقل بواسطة Bitcoin ، ولكنها تعمل على تكبد وإلهام جيل من البنائين والمفكرين والمبتكرين لنقل مهاراتهم إلى مسار لامركزي باسم عالم أفضل.

سؤال وجواب #2 - بيتكوين

هل تعدين البيتكوين مربح؟

بالتأكيد يمكن أن يكون. يمكن أن يختلف متوسط العائد السنوي على الاستثمار لأولئك الذين يستأجرون القوة الحسابية (الحفارات والعقد) لعمال المناجم الآخرين من أرقام فردية عالية إلى أرقام مزدوجة منخفضة ، في حين أن عائد الاستثمار السنوي لتعدين البيتكوين المدار ذاتيا يختلف في خانة العشرات. لوضع رقم على العوائد الإجمالية ، يمكن توقع 40٪ إلى 200٪ سنويا ، في حين أن 50٪ إلى 150٪ أمر طبيعي. يتم تحديد صافي الأرباح إلى حد كبير من خلال تكلفة الأجهزة وسعر الأصل المستخرج. في كلتا الحالتين ، يتفوق هذا العائد على متوسط سوق الأسهم التاريخية وعائدات العقارات بحوالي 10٪. ومع ذلك ، فإن تعدين البيتكوين متقلب ومكلف ، وتؤثر مجموعة من العوامل على عوائد كل فرد. سنتوقف لحظة لتحديد العديد من هذه العوامل.

سعر العملة المشفرة. العامل المؤثر الرئيسي في ربح التعدين هو سعر أصل العملة المشفرة المحدد. يؤدي ارتفاع سعر البيتكوين بمقدار 2x إلى ضعف ربح التعدين (لأن كمية البيتكوين المكتسبة تظل كما هي ، بينما تتغير القيمة المكافئة ، بافتراض عدم وجود فرق في الصعوبة) ، بينما يؤدي انخفاض بنسبة 50٪ إلى نصف الأرباح.

يجب على معظم عمال المناجم بيع الأرباح لتغطية التكاليف ، مما يجعل حركة السعر (خاصة بالنظر إلى الطبيعة المتقلبة للعملات المشفرة وخاصة عملة البيتكوين) مهمة للغاية. إذا كان عامل المنجم قادرا على تحمل عدم البيع والاحتفاظ به على المدى الطويل ، فإن حركة السعر على المدى القصير تصبح أقل أهمية.

معدل التجزئة والصعوبة. معدل التجزئة هو السرعة التي يتم بها حل المعادلات والعثور على الكتل. معدلات التجزئة لعمال المناجم تعادل تقريبا الأرباح ، والمزيد من عمال المناجم الذين يدخلون النظام (وبالتالي زيادة معدل تجزئة الشبكة وصعوبة التعدين ذات الصلة ، وهو مصطلح يصف مدى صعوبة تعدين الكتل) يخفف من حصة التجزئة لكل عامل منجم وبالتالي الربحية. بهذه الطريقة ، تؤدي المنافسة إلى انخفاض الربح من خلال الصعوبة ومعدل التجزئة.

سعر الكهرباء. عندما تصبح عملية التعدين أكثر صعوبة ، تزداد متطلبات الكهرباء أيضا. يلعب سعر الكهرباء دورا رئيسيا في الربحية ، وبصرف النظر عن السياسة ، يحدد إلى حد كبير الموقع الجغرافي لمزارع التعدين الصناعية.

خفض. كل 4 سنوات ، تتم برمجة مكافآت الكتلة إلى نصف Bitcoin لتقليل تدفق العملات المعدنية بشكل تدريجي. منذ مايو من عام 2020 ، كانت مكافآت عمال المناجم 6.25 بيتكوين لكل كتلة. في عام 2024 ، ستنخفض مكافآت الكتلة إلى 3.125 بيتكوين لكل كتلة ، وهكذا كل أربع سنوات بعد ذلك. وبهذه الطريقة ،

يجب أن تنخفض مكافآت التعدين طويلة الأجل ما لم ترتفع قيمة العملة الواحدة بنفس القدر أو أكثر من الانخفاض المكافئ في مكافآت الكتلة ، أو تنخفض الصعوبة في التكافؤ مع انخفاض المكافأة.

الاجهزه كلف. بالطبع ، يلعب السعر الفعلي للأجهزة اللازمة لتعدين البيتكوين دورا كبيرا للغاية في الربح وعائد الاستثمار. يمكن إعداد التعدين بسهولة على أجهزة الكمبيوتر العادية (إذا كان لديك واحد ، تحقق من nicehash.com)؛ ومع ذلك ، فإن إعداد منصات كاملة ينطوي على تكلفة اللوحات الأم ووحدات المعالجة المركزية وبطاقات الرسومات ووحدات معالجة الرسومات وذاكرة الوصول العشوائي والمزيد. إن أبسط طريقة للتعيين في محطة تعدين هي شراء منصات مسبقة الصنع ، ولكن هذا ينطوي على دفع علاوة الأجهزة. بناء الحفارة الخاصة بك يوفر المال ، ولكنه يتطلب أيضا بعض المعرفة التقنية. بشكل عام ، تكلف خيارات "افعلها بنفسك" بضعة آلاف من الدولارات على الأقل (بما في ذلك بطاقات الرسومات) ، بينما تكلف الحفارات المعدة مسبقا ، على الأقل ، أكثر قليلا. نظرا لأن البطاقات الرسومية تتطلب الجزء الأكبر من الاستثمار ، فتأكد من البحث في مواقع إعادة البيع المحلية عن الصفقات ، حيث أن أسعار التجزئة لهذه البطاقات قد تجاوزت السقف منذ ظهور التعدين ونموه.

لاختتام هذا السؤال ، فإن المتغيرات التي تؤثر على ربحية التعدين عديدة وتخضع للتغيير السريع ، والأرباح المحتملة منحازة نحو المزارع الكبيرة التي يمكنها الوصول إلى الكهرباء الرخيصة. ومع ذلك ، لا يزال تعدين العملات المشفرة مربحا للغاية ومن المحتمل أن تظل العوائد ، لبعض الوقت ، أعلى بكثير من العوائد العادية في معظم فئات الأصول الأخرى. وهذا يستبعد احتمال حدوث انهيار ممتد على مستوى السوق أو ظهور تنظيم حكومي قاس.

سؤال وجواب #3 - بيتكوين

هل البيتكوين قديم؟

نعم. التكنولوجيا التي تشغل Bitcoin قديمة مقارنة بالمنافسين الجدد. قامت Bitcoin بعمل رائد وعملت كدليل على مفهوم العملات المشفرة ، ولكن كما هو الحال مع جميع التقنيات ، فإن الابتكار يدفع إلى الأمام وتتطلب مواكبة هذا الابتكار ترقيات متماسكة وكبيرة ، وهو ما لم يكن لدى Bitcoin.

يمكن لشبكة Bitcoin التعامل مع حوالي 7 معاملات في الثانية ، في حين أن Ethereum (ثاني أكبر عملة مشفرة من حيث القيمة السوقية) يمكنها التعامل مع 30 معاملة في الثانية ويمكن لـ Cardano ، ثالث أكبر عملة مشفرة وأحدث بكثير ، التعامل مع حوالي 1 مليون معاملة في الثانية. يؤدي ازدحام الشبكة على شبكة Bitcoin إلى ارتفاع الرسوم ، وبهذه الطريقة ، بالإضافة إلى قابلية البرمجة والخصوصية واستخدام الطاقة ، فإن Bitcoin قديمة إلى حد ما.

هذا لا يعني أن البيتكوين لا يعمل. إنه كذلك ، فهذا يعني فقط أنه يجب تنفيذ ترقيات جادة ، أو ستزداد تجربة المستخدم سوءا ، وسيزدهر المنافسون بمرور الوقت. بغض النظر ، تتمتع Bitcoin بقيمة هائلة للعلامة التجارية ، ونطاق هائل من الاستخدام والتبني ، والبروتوكولات التي تنجز المهمة بطريقة آمنة.

من المحتمل ألا نرى أفضل المواقف (ترقيات كبيرة تحل جميع المشكلات) ولا أسوأ موقف (قديم جدا ، لم يعد يعمل ، ويذهب إلى الصفر) ؛ بدلا من ذلك ، من المحتمل أن تكون الأرضية الوسطى ، حيث تستمر Bitcoin في مواجهة المشكلات ، وتستمر في تنفيذ الحلول ، وتستمر في النمو (على الرغم من أن النمو سيتباطأ بالتأكيد بمرور الوقت) بالتوازي مع مساحة التشفير.

سؤال وجواب #4 - بيتكوين

هل البيتكوين دوري؟

نعم. تعتبر عملة البيتكوين دورية تاريخيا وتميل إلى العمل في دورات متعددة السنوات تتكون عموما من ارتفاع اختراق وتصحيح وتراكم واسترداد واستمرار. يمكن تبسيط ذلك إلى كبير لأعلى ، كبير لأسفل ، صغير لأعلى أو جانبي ، وكبير لأعلى.

حدثت ارتفاعات الاختراق تاريخيا في غضون عام من أحداث النصف في Bitcoin ، والتي تحدث كل أربع سنوات. هذا ، بأي حال من الأحوال ، هو علم دقيق ، لكنه يوفر بعض المنظور حول الإمكانات متوسطة المدى وحركة سعر البيتكوين.

بالإضافة إلى ذلك ، تحدث قفزات كبيرة من العملات البديلة (على وجه التحديد العملات البديلة المتوسطة إلى الصغيرة) عادة بينما لا تقوم Bitcoin بحركة صعودية كبيرة ولا حركة هبوطية كبيرة ، وغالبا ما تتبع حركة صعودية كبيرة. يحدث هذا عندما يقوم المستثمرون بجني الأرباح من Bitcoin (بينما يتم توحيد السعر) ويضعونها في عملات أصغر.

لذلك ، كل هذا شيء يجب التفكير فيه بشكل عام ، خاصة إذا كنت تفكر في تداول البيتكوين بدلا من الاحتفاظ به على المدى الطويل.

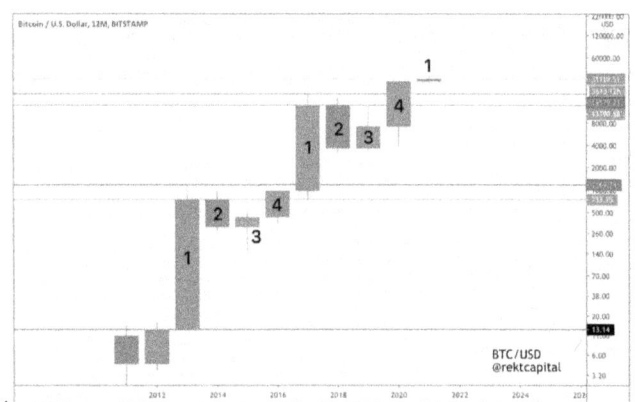

[14]

---

[14] رصيد الصورة إلى hackernoon.com. لاحظ أنه يعتقد أن الدورات تطول ، مما سيؤدي إلى لعب دور في تقليل التقلبات الإجمالية مع نضوج البيتكوين.

سؤال وجواب #5 - بيتكوين

هل يمكنك شراء الأشياء باستخدام البيتكوين؟

تمثل Bitcoin إحساسا مشتركا بالقيمة. يمكن التعامل مع القيمة واستبدالها بقيمة مكافئة ، تماما مثل أي عملة أخرى. على الرغم من ذلك ، من الصعب جدا شراء معظم الأشياء مباشرة باستخدام Bitcoin ، على الرغم من وجود خيارات وتتضاعف بسرعة.

بالطبع ، يمكن للمرء دائما استبدال Bitcoin بعملته المحددة واستخدام هذه العملة لشراء الأشياء ، ولكن يبقى السؤال: لماذا لا يمكنك حتى الآن استخدام Bitcoin لشراء أي عناصر قد تدفع ثمنها باستخدام طرق الدفع الرقمية الأخرى؟ مثل هذا السؤال معقد ، ولكن في الغالب يتعلق بحقيقة أن النظام القائم للعملات المدعومة من الحكومة قد نجح لفترة طويلة ، في حين أن العملات المشفرة جديدة ، ولم تندمج بعد في الأنظمة التجارية ، وتعمل خارج السيطرة الحكومية المباشرة.

تشير الاتجاهات الحالية إلى دمج العملات المشفرة إلى حد كبير في تجار التجزئة وتجار الجملة والبائعين المستقلين عبر الإنترنت (وغير متصلين). بالفعل ، مايكروسوفت (في متجر Xbox) ، هوم ديبوت (عبر فليكسا) ، ستاربكس (عبر Bakkt) ، هول فودز (عبر Spedn) ، والعديد من الشركات الأخرى تقبل بيتكوين. ستحدث نقاط التحول في وقت قبول تجار التجزئة الرئيسيين عبر الإنترنت لعملة البيتكوين (Amazon و Walmart و Target وما إلى ذلك) والوقت الذي تتبنى فيه الحكومات أو تقاوم العملات المشفرة كطريقة دفع.

سؤال وجواب #6 - إيثريوم

هل الإيثريوم عملية احتيال؟

في حين أن Ethereum نفسها ليست عملية احتيال وتتلقى درجة معينة من الحوكمة من مؤسسة Ethereum والمجموعة القوية من الأفراد الذين يشاركون في المنصة ، فمن الممكن للآخرين استخدام Ethereum لإجراء عمليات احتيال على المستثمرين المطمئنين. فيما يلي بعض عمليات الاحتيال التي يمكن أن تحدث داخل أسواق العملات المشفرة:

قد يجد المستخدمون الرموز المميزة "التي تم إسقاطها جوا" في محفظتهم والتي وضعها المحتالون هناك. عندما يذهب المستخدم إلى بورصة لامركزية (DEX) لتداول الرموز المميزة ، يجب عليه الموافقة على الوصول إلى محفظته لهذا الرمز المميز. دون مراجعة "العقد" ، يوقعون عليه عبر محفظتهم. سمح الإذن الذي وقعوا عليه أيضا بالوصول إلى عملات معدنية أو رموز أخرى في المحفظة ، والتي يتم تداولها وسرقتها ، مما يترك المستخدم برموز لا قيمة لها.

كانت عمليات الاحتيال الأولية للطرح الأولي للعملة (ICO) أكثر شيوعا في الأيام الأولى للاقتصاد الرمزي. قد يتضمن ذلك شركة متضخمة تجري مقابلات ، ولديها موقع ويب عالي الجودة ، وتبيع رمزا مميزا على الشبكة. بعد انتهاء ICO ، يصبح الرمز المميز عديم القيمة ، لكن الشركة التي احتفظت ب ICO لديها كل الإيثر أو البيتكوين أو العملات المعدنية الأخرى التي تم دفعها لهم مقابل الرموز المميزة. ومنذ ذلك الحين، بدأت هيئة الأوراق المالية والبورصات في ملاحقة ومقاضاة هؤلاء الأفراد والمنظمات.

يتضمن "سحب البساط" إصدار رمز مميز ، عادة مع بعض الضجيج ، على DEX. يبيع منشئو الرمز المميز ممتلكاتهم ويزيلون السيولة المطلوبة للسماح بحدوث الصفقات. هذا يترك بقية المشاركين في الرمز المميز يحملون الحقيبة دون طريقة فعالة للتداول خارج مراكزهم. لقد أصبح هذا عملية احتيال أكثر شيوعا ويتطلب دراسة متأنية وبحثا قبل اتخاذ موقف في الرمز المميز.

تعد زراعة DeFi اتجاها جديدا إلى حد ما يتضمن تخزين الرموز المميزة في المزرعة. ستكافئ المزرعة أصحاب المصلحة ببعض الرموز المميزة الأخرى (عادة ما تحمل علامة المزرعة - مثل KRILL أو MOON) بناء على حجم حصتهم. في بعض الأحيان تكون هذه المزارع عبارة عن عمليات احتيال ، ويمكن لمنشئي المزرعة التخلص من بعض أو كل الرموز المميزة المربوطة. بالتناوب ، قد يتم اختراق المزرعة بسبب الممارسات الأمنية السيئة من جانب المبدعين ، وقد يقوم بعض الأطراف الثالثة بالتخلص من الرموز المميزة.

كملاحظة أخيرة ، من المفيد البحث والتحقق من صحة المكان الذي تضع فيه عملاتك المعدنية أو رموزك. نظرا لوجود القليل من التنظيم والكثير من الشفافية في المجتمع ، فأنت مسؤول عن أخطائك. يعد التمسك

بالبورصات والعملات المعدنية السائدة هو الإستراتيجية الأكثر أمانا ، ولا ينبغي القيام بالاستثمارات في المساحات الأكثر ريادة في عالم التشفير إلا بعد إجراء بحث شامل.

سؤال وجواب #7 - إيثريوم

ما هو الإيثريوم مقابل الإيثريوم؟

Ethereum هو المصطلح المستخدم لوصف الشبكة والنظام الأساسي والنظام البيئي العام للشبكة. وهو أيضا اسم المؤسسة التي توفر الإدارة والتوجيه الفني للشبكة.

الإيثر هو العملة الفعلية المنتجة على الشبكة، والعملة المستخدمة لرسوم المعاملات التي يتكبدها أي إجراء يحدث على الشبكة - بما في ذلك إرسال أي رمز مميز تدعمه الشبكة.

سؤال وجواب #8 - إيثريوم

هل إيثريوم مجهول؟

الطبيعة الأساسية لـ Ethereum والعملات المشفرة الأخرى مجهولة بطبيعتها. من الناحية النظرية ، يمكن لأي شخص تعدين Ethereum ، والاحتفاظ بها ، والمبادلة إلى الرموز المختلفة داخل نظام Ethereum البيئي ، والتبديل مرة أخرى إلى Ethereum بشكل مجهول تماما.

يصبح إخفاء الهوية أكثر تعقيدا عند العمل مع خدمات خارج Ethereum ، مثل التبادلات. بسبب التنظيم الحكومي ، تتطلب جميع خدمات الصرف تقريبا التسجيل وشكلا من أشكال التحقق من الهوية من أجل صرف النقود. يساعد هذا البورصات في الامتثال لقانون الضرائب ، حيث يتطلب صرف العملة المشفرة عادة شكلا من أشكال الضرائب التي يتعين دفعها للحكومة.

على هذا النحو ، فإن Ethereum نفسها مجهولة ، ولكن التواصل مع الموارد الخارجية التي تتضمن Ethereum عادة ما يكون غير مجهول.

سؤال وجواب #9 - إيثريوم

هل يمكن اختراق الإيثريوم؟

نظرا لأن Ethereum تعمل على blockchain مفتوح ومكشوف ، فليس من السهل اختراقها. تشمل الهجمات المحتملة هجمات بنسبة 51٪ ، وهجمات القوة الغاشمة ضد المفاتيح الخاصة ، ومحاولات الاختراق ضد البورصات المركزية.

التبادلات المركزية

تمتلك البورصات المركزية برامجها الخاصة ، والتي غالبا ما يتم تطويرها داخليا ، والتي تتعامل مع التفاعلات عالية السرعة اللازمة لتداول العملات المشفرة بفعالية. تتطلب منك هذه البورصات إيداع الأموال للتداول ، وهذه الأموال تخضع إلى حد كبير لسيطرة البورصة ، وفي البورصةمحفظة خاصة به.

نظرا لأن البورصات لا تستخدم عادة أي برامج مفتوحة المصدر ، فلا توجد عملية تدقيق قوية حول شبكاتها أو تكويناتها. إذا كان هناك ضعف مناسب في الأمن السيبراني في منصة التبادل ، فمن الممكن تماما حدوث السرقة.

قد يكون لدى موظفي التبادل الداخلي أيضا أوراق اعتماد تسمح لهم بالانخراط في السرقة. قد يصبح مستخدمو التبادل الذين لديهم بيانات اعتماد ضعيفة ، أو بيانات اعتماد تم تسريبها من عمليات اختراق أخرى ، ضحايا للسرقة ، على الرغم من أن هذه السرقة ستقتصر على مجموعة أصغر من الأفراد.

هجمات القوة الغاشمة

نظرا لأن معظم محافظ العملات المشفرة موجودة كزوج مفتاح خاص / مفتاح عام ، ولأن عملية إنشاء المفتاح العام وعنوان المحفظة من المفتاح الخاص هي طريقة معروفة ، فمن الممكن للمتسللين الأذكياء فرض محفظة برصيد وتحويل هذه الأموال إلى مكان آخر.

الدفاع الرئيسي ضد هذه العملية هو النطاق الهائل للمفاتيح الخاصة المتاحة للاستخدام ، وحقيقة أن المفتاح الخاص لكل محفظة يتم اختياره عشوائيا (باستثناء حالات محددة للغاية). يبلغ طول المفتاح الخاص مائتين وستة وخمسين بت. ممثلة في النظام الست عشري ، يبدو المفتاح الخاص كما يلي:

8Da4EF21B864D2CC526DBDB2A120BD2874C36C9D0A1FB7F8C63D7F7A8B41De8F

يمكن أن يمثل كل رقم من المفتاح الخاص ستة عشر قيمة مختلفة (0-9 ، A-F). يعمل هجوم القوة الغاشمة على عنوان واحد أو قائمة من العناوين العامة ويمكن تنفيذه على وحدة المعالجة المركزية أو وحدة معالجة الرسومات للحصول على سرعة أعلى. يقوم برنامج القوة الغاشمة بإنشاء قيم مفتاح خاصة وتشغيلها خلال عملية إنشاء العنوان لمعرفة ما إذا كانت متطابقة. إذا تم العثور على تطابق، يتم إخراج المفتاح الخاص إلى الشاشة أو تفريغه إلى ملف. إذا لم يتم العثور على تطابق، يستمر النظام في البحث.

يمكن للمعالجات الحديثة أداء هذه الوظيفة بأكثر من مليون مفتاح في الثانية لكل نواة ، بينما يمكن لمعالجات الرسومات أداء هذه الوظائف بأكثر من ملياري مفتاح في الثانية على افتراض ضبط النظام بشكل صحيح. في حين أن هذا يبدو كثيرا وقد يجعل المرء قلقا بشأن الأمن في صميم العملة المشفرة ، إلا أنه في الممارسة العملية لا يمثل تهديدا على الإطلاق. بسبب العدد الهائل من الاحتمالات (عدد المفاتيح الخاصة المتاحة أكبر من الذرات في الكون) ، سيستغرق الأمر وقتا مستحيلا تماما ، من الناحية الإحصائية ، للعثور على محفظة واحدة ـ أطول من أطول التقديرات لعمر الأرض.

في حين أن هذا يبشر بالخير لأمن العملة المشفرة ، إلا أنه يؤكد على أهمية الاحتفاظ بالنسخ الاحتياطية لمحفظتك أو عبارات ذاكري. في حالة فقدها ، لا يمكن لأحد استرداد محفظتك نيابة عنك.

سؤال وجواب #10 – إيثريوم

يمكن لقواعد إيثريوم تغيير؟

تحتوي شبكة Ethereum على العديد من القواعد والبروتوكولات التي تحدد وظيفتها. من الرموز المميزة والعقود الذكية إلى حظر المكافآت والعديد من الوظائف المحددة الأخرى التي تحكم تشغيل الشبكة. قام مطورو Ethereum ببناء البرنامج ليكون مرنا ويمكن تنفيذ قواعد جديدة. لدى مؤسسة Ethereum عمليات لاقتراح وتنفيذ تحسينات أو تغييرات على النظام الأساسي باستخدام مقترحات تحسين Ethereum (EIPs). تسمح هذه العملية بإجراء تحديثات مدروسة ودقيقة لوظائف الشبكة. تتضمن بعض برامج EIP الأكثر شهرة وظائف جديدة:

اقترح EIP-20 إدراج معيار الرمز المميز ERC-20. وقد مكن برنامج EIP وحده النظام البيئي للرمز المميز بالكامل، ونموذج عرض العملة الأولي (ICO) ، والتبادلات اللامركزية. أدت القدرة على إنشاء عملة مشفرة دون إنشاء blockchain كامل إلى تغيير المشهد بشكل كبير وتقليل الحواجز التي تحول دون التبني.

اقترح EIP-720 إنشاء معيار الرمز المميز غير القابل للاستبدال ERC-721 (NFT). لقد مكن هذا المعيار نموذجا جديدا تماما لتمثيل الكائنات ذات القيمة على blockchain. كانت NFT هي الكلمة الطنانة في الصناعة في عام 2021 ، مع ظهور التبادلات اللامركزية والسماح للمستخدمين بشراء وامتلاك NFT للأعمال الفنية والموسيقى وأشياء أخرى. يمكن أن يؤدي التطوير الإضافي لهذه المفاهيم إلى تكامل الحياة الواقعية للأشياء المادية مثل NFT.

سؤال وجواب #11 - بلوكتشين

ما هي العقدة؟

العقدة هي جهاز كمبيوتر متصل بشبكة blockchain يساعد blockchain في كتابة الكتل والتحقق من صحتها. تقوم بعض العقد بتنزيل سجل كامل من blockchain الخاص بها وتؤدي مهام أكثر من العقد العادية. بالإضافة إلى ذلك ، لا ترتبط العقد بشبكة معينة ؛ يمكن للعقد التبديل إلى سلاسل كتل مختلفة عمليا حسب الرغبة ، كما هو الحال مع التعدين متعدد التجمعات. في نظام Ethereum البيئي ، هناك ثلاثة أنواع مختلفة من العقد التي يمكن تشغيلها ، وتتبع معظم العملات المشفرة الأخرى نموذجا مشابها.

العقدة الخفيفة: تقوم العقدة الخفيفة بتنزيل وتخزين سلسلة الرأس فقط وتقدم طلبات الشبكة عند الحاجة إلى مكونات سلسلة أخرى. العقدة الخفيفة قادرة على التحقق من البيانات مقابل جذر الحالة في رؤوس الكتلة.

عقدة الأرشيف: تقوم عقد الأرشيف بتخزين السلسلة الكاملة واستخدامها لإنشاء أرشيف للحالات التاريخية. عادة ، إذا كنت ترغب في عرض حالة السلسلة في كتلة معينة ، فسيحتاج تطبيق منفصل إلى معالجة وتحليل جميع الكتل حتى الكتلة المعنية. يسمح تشغيل عقدة أرشيف بشكل أساسي بعرض آلة الزمن لجميع الحسابات في جميع الأوقات في سجل السلسلة. هذا التخزين مكثف ، ومناسب في الغالب لأولئك الذين يتطلعون إلى تشغيل مستكشف الكتل الخاص بهم أو خدمات التحليلات الأخرى.

العقدة الكاملة: يخزن هذا النوع من العقد سلسلة الكتل الكاملة ، ويشارك في التحقق من صحة الكتلة والتحقق منها ، ويوفر خدمات الشبكة لعملاء Ethereum الآخرين. في حين أن العقدة الكاملة لا تخزن الحالات التاريخية لـ blockchain ، إلا أنه يمكن حسابها من عقدة كاملة من خلال الأدوات التحليلية.

يمكن أن يكون تشغيل عقدة Ethereum محليا لتطبيقات واجهات Ethereum الخاصة بك مفيدا للغاية من حيث ضمان أقل زمن انتقال ممكن للمعاملات. نظرا لأنه يتم تشغيل العقدة محليا ، يمكنك الوثوق بأنها آمنة ، ولا تحتاج بالضرورة إلى الوثوق بعقدة جهة خارجية. يمكنك أيضا اختيار ضمان التكرار ضد أشياء مثل أعطال الأجهزة أو انقطاع التيار الكهربائي ، مع معرفة كيفية تكوين نظامك بالكامل. هذا غير ممكن مع عقدة جهة خارجية قد تصبح غير متصلة بالإنترنت بشكل غير متوقع.

سؤال وجواب #12 - سلسلة الكتل

كيف العقود الذكية عمل؟

العقد الذكي هو برنامج نصي يعمل على شبكة Ethereum. بدلا من أن تكون نقطة النهاية على الشبكة مسؤولة عن تخزين البرنامج وتشغيله ، تدعم الشبكة بأكملها وظيفة العقد أثناء تفاعله مع blockchain.

وهي موجودة كنوع من حسابات Ethereum ، مما يعني أن العقد الذكي له عنوان محفظة أو رصيد من العملات المعدنية أو الرموز المميزة ، ويمكنه إرسال واستقبال المعاملات برمجيا دون أي تدخل من المستخدم.

عندما يرسل المستخدمون عملات معدنية أو رموز مميزة إلى عنوان العقد، يمكن أن تصبح الوظائف المبرمجة مسبقا سارية المفعول وتؤدي أي عدد من الأنشطة. بمجرد تحديد عقد ذكي على الشبكة ، لا يمكن حذفه ، ولا يمكن عكس التفاعلات معه ، على سبيل المثال ، لا يمكنك طلب استرداد ETH المرسلة إلى عنوان العقد.

مثال بسيط على العقد الذكي سيكون إذا أرسلت مبلغا من ETH إلى عنوان العقد. سيسجل العقد استلام ETH ويرسل لك تلقائيا مبلغا متساويا من WETH (ملفوف ETH ، رمز مميز على Ethereum blockchain له قيمة متساوية مع ETH).

يمكن للعقد الذكي أن يفعل أكثر بكثير من مجرد مقايضة عملة / رمز أساسي ، بالطبع. يمكن غرس الآليات الانكماشية ، والإنزال الجوي ، وإعادة توزيع رسوم المعاملات ، وأكثر من ذلك بكثير في blockchain وتعمل بشكل مستقل من خلال العقود الذكية.

سؤال وجواب # 13 - سلسلة الكتل

ما هي الشوك؟

الشوكة هي حدوث blockchain جديد يتم إنشاؤه من blockchain آخر. كان لدى Bitcoin 105 شوكة ، أكبرها هو Bitcoin Cash الحالي. تحدث الشوكات عندما يتم تقسيم الخوارزمية إلى نسختين مختلفتين. يوجد نوعان أساسيان من الشوكات: الشوكات الصلبة ، والتي تحدث عندما تقوم جميع العقد في الشبكة بالترقية إلى إصدار أحدث من blockchain وترك الإصدار القديم وراءها (ثم يتم إنشاء مسارين: الإصدار الجديد والإصدار القديم) ، والشوكة الناعمة ، والتي تتناقض مع ذلك عن طريق جعل الشبكة القديمة غير صالحة (مما يؤدي إلى blockchain واحد فقط). اقلب مرة أخرى إلى الصفحة 133 للحصول على صورة مرئية لعملية التفرع.

سؤال وجواب #14 - سلسلة الكتل

من اخترع البلوكشين؟

Blockchain لها تاريخ يمتد إلى تسعينيات القرن العشرين ، وعند هذه النقطة تم تصور سلسلة من الكتل المؤمنة بشكل مشفر لأول مرة من قبل ستيوارت هابر و W Scott Stornetta. تم نشر المزيد من الأوراق حول السلاسل المؤمنة بالتشفير في عام 2000 ، وفي عام 2009 قام ساتوشي ناكاموتو بتنفيذ أول blockchain في شبكة Bitcoin. لم تكن Bitcoin أول تطبيق ناجح ل blockchain فحسب ، بل حلت أيضا العديد من المشكلات التي أعاقت التنفيذ سابقا. تبع نجاح Bitcoin العملات البديلة ، والتي حسنت المفهوم الأصلي ل blockchain مضيفة ميزات مثل العقود الذكية ، وإثبات الحصة ، وحلول التوسع المختلفة ، مثل بروتوكولات الطبقة 2 ، والتجزئة ، والتوقيعات الحلقية ، وشبكة البرق. إن تنفيذ هذه التقنيات وأكثر من ذلك ، جنبا إلى جنب مع عدد متزايد من حالات الاستخدام ، يتكبد الجيل التالي من التقنيات المدعومة من blockchain ، مدعومة بعملات معدنية مثل Cardano و Solana و Binance و Ripple والمزيد.

سؤال وجواب #15 - بلوكتشين

ما هي البلوكشين المستخدمة؟

كانت Bitcoin أول حالة استخدام ناجحة على نطاق واسع ل blockchain ، لكن blockchain كتقنية تتجاوز Bitcoin. فيما يلي المجالات التي سيكون ل blockchain فيها تأثير كبير أو يكون لها تأثير كبير:

- العملات الرقمية.
- الخدمات اللوجستية والبيانات وإدارة سلسلة التوريد.
- المدفوعات عبر الحدود ووسائل المعاملات.
- تتبع ملكية الفنان.
- التخزين الآمن للبيانات الطبية ومشاركتها.
- أسواق NFT.
- آليات التصويت.
- ملكية العقارات التي يمكن التحقق منها.
- تسوية الفواتير وحل النزاعات.
- التذاكر.
- الضمانات المالية.
- إثبات التأمين / بوالص التأمين.
- سجلات البيانات الصحية / الشخصية.
- الوصول إلى رأس المال.
- التمويل اللامركزي.
- الهوية الرقمية.
- كفاءة العملية / اللوجستيات.
- التحقق من البيانات.
- حماية الملكية الفكرية.
- رقمنة الأصول والأدوات المالية.
- الشفافية المالية الحكومية.
- الألعاب عبر الإنترنت.
- القروض المشتركة.
- و اكثر!

العملات المشفرة الشائعة

تم استبعاد Bitcoin و Ethereum و Litecoin من هذا القسم نظرا للتغطية الواسعة المقدمة في جميع أنحاء الكتاب. نظرة على تاريخ ورؤية أفضل العملات المشفرة تشكل هذا القسم ، المقدم بترتيب القيمة السوقية:[15] يتم تضمين روابط إلى موقع الويب والورقة البيضاء لكل أصل.

1 . عملة بينانس (BNB)

2 . الحبل (USDT)

3 . سولانا (سول)

4 . كاردانو (ADA)

XRP (XRP)

5 . بولكادوت (DOT)

6 . عملة الدولار الأمريكي (USDC)

7 . أفالانش (أفاكس)

8 . دوجكوين (دوجي)

9 . الأرض (LUNA)

1 0 . يونيسواب (يوني)

1 1 . تشينلينك (لينك)

1 2 . مضلع (MATIC)

1 3 . ألغوراند (ألغو)

1 4 . إلروند (EGLD)

1 5 . أكسي إنفينيتي (AXS)

1 6 . ديسنترالاند (مانا)

1 7 . ترون (TRX)

1 8 . كوزموس (ذرة)

1 9 . ثيتا (ثيتا)

عملة بينانس (BNB)

تهدف بورصة Binance ، التي سميت على هذا النحو من خلال تشابك "التمويل الثنائي" إلى حل المشكلات التي استخلصتها العديد من البورصات ، وهي البنية التقنية الضعيفة ، والأمن المحدود ، وسوء خدمة العملاء ،

[15] اعتبارا من أوائل عام 2022. تعتمد بيانات القيمة السوقية على العرض المتداول ، وليس الحد الأقصى للعرض.

وضعف التدويل والدعم اللغوي. تبادلت Binance عمليات الإطلاق في عام 2017 بمحرك مطابق قادر على الحفاظ على 1.4 مليون طلب في الثانية. في ذلك الوقت ، تم دعم خمسة أزواج تداول فقط. ومنذ ذلك الحين ، انفجرت Binance إلى مليار دولار في الأرباح في عام 2020 و 13.5 مليون مستخدم. تم إطلاق عملة Binance (BNB) جنبا إلى جنب مع البورصة في عام 2017 على شبكة Ethereum. سيتم استخدام العملة لدفع رسوم الصرف المختلفة. انتقلت BNB في النهاية إلى blockchain الخاص بها المسمى Binance Smart Chain (BSC) ونمت لتصبح ثالث أكبر عملة مشفرة موجودة حاليا بقيمة سوقية تبلغ حوالي 100 مليار دولار فقط.[i]

تفضل بزيارة Binance (بينانس) في binance.com أو binance.us والورقة البيضاء الخاصة بهم في exodus.com/assets/docs/binance-coin-whitepaper.pdf

الحبل (USDT)

تم إطلاق Tether في الأصل باسم Realcoin في عام 2014 ، وأعيدت تسميته في نوفمبر من ذلك العام ، وكان يهدف إلى توفير رمز رقمي مدعوم بعملة ورقية لتمكين طريقة لامركزية لتبادل القيمة أثناء استخدام وحدة محاسبة مألوفة. كان يجب أن تكون هذه الوحدة أقل تقلبا من معظم العملات المشفرة الأخرى ، وانتهى الأمر ب Tether إلى تحقيق استقرار الأسعار من خلال الحفاظ على نسبة احتياطي واحد إلى واحد بين جميع رموز Tether والعملة الورقية المرتبطة بها. أصبحت Tether أول عملة مستقرة ناجحة ولا تزال مرتبطة بالدولار الأمريكي. ومنذ ذلك الحين، وفر استقرار تيثر وسيلة أكثر قابلية للتطبيق للتبادل. لنفترض أنك تحاول شراء وجبة غداء - إذا كنت تدفع بعملة البيتكوين ، فإن التاجر لا يعرف قيمة هذه البيتكوين في يوم أو أسبوع أو شهر. التقلب المتأصل (بغض النظر عن الرسوم) يجعل التعامل صعبا. تحل العملات المستقرة هذه المشكلة من خلال الارتباط بالدولار الأمريكي أو أي أصل احتياطي مستقر آخر ، وبالتالي خلق بيئة معاملات شاملة أكثر متعة ومألوفة. Tether هو الآن رمز ERC20 (بمعنى أنه يعمل على Ethereum blockchain) ورابع أكبر عملة مشفرة. يقدم حاليا حجما مذهلا على مدار 24 ساعة يبلغ 85 مليار دولار.[ii]

قم بزيارة Tether في tether.to والورقة البيضاء الخاصة بهم في tether.to/wp-content/uploads/2016/06/TetherWhitePaper.pdf

سولانا (سول)

يهدف Solana ، الذي تم إطلاقه في مارس من عام 2020 ، إلى توفير بديل ل Ethereum يستخدم بنية blockchain تعتمد على إثبات التاريخ (PoH) ، والتي يمكنها التحقق من النظام ومرور الوقت بين الأحداث (البيانات) في blockchains. يتم استخدام PoH جنبا إلى جنب مع خوارزمية الإجماع إثبات الحصة (PoS). بينما يمكن ل Ethereum دعم ما بين 15 و 45 معاملة في الثانية ، يمكن ل Solana التعامل مع عشرات الآلاف ، كما أن رسوم Solana أقل بكثير من رسوم Ethereum. منذ إطلاقه ، ارتفعت Solana إلى سقف سوقي بقيمة 67 مليار دولار وسمعة باعتبارها العملة ، إن وجدت ، التي يمكن أن تتحدى هيمنة Ethereum.[iii]

قم بزيارة Solana في solana.com وورقتهم البيضاء في solana.com/solana-whitepaper.pdf

كاردانو (أدا)

مثل Solana ، تم تصميم Cardano لتحسين العديد من ميزات Ethereum. تم إطلاق Cardano في عام 2015 من قبل المؤسس المشارك ل Ethereum تشارلز هوسكينسون ، ويهدف إلى توفير نظام بيئي أكثر توازنا واستدامة ونهجا قائما على المعايير والأقران للبحث والتحسين. تعمل Cardano على blockchain الخاص بها وتستخدم بروتوكول إثبات الحصة يسمى Ouroboros ، والذي يدير بروتوكولات مشابهة لتلك الخاصة ب Google و Facebook ويبني في حلول التوسع إلى ما هو أبعد من تلك الخاصة ب Bitcoin والعملات المشفرة الأخرى. نمت كاردانو إلى سقف سوقي بقيمة 59 مليار دولار وتهدف إلى "ربط غير المتصلين" من خلال خطط طموحة للوصول إلى مليار شخص.iv

قم بزيارة كاردانو في cardano.org وورقتهم البيضاء في -whitepaper.io/document/581/cardano
whitepaper.

موج (XRP)

تم إطلاق Ripple في عام 2012 بواسطة Ripple Labs ، بناء على خوارزمية إجماع جديدة (RPCA) قدمت أوقات انتظار قصيرة ورسوما منخفضة مقارنة بالعملات المعدنية مثل Bitcoin. أبلغت Ripple عن اهتمام من بنوك 100 + باستخدام تقنية المراسلة XCurrent الخاصة بها ، وخطط البعض لاستخدام عملة XRP. ومع ذلك ، في عام 2018 ، رفعت لجنة الأوراق المالية والبورصات الأمريكية (SEC) دعوى جماعية ضد Ripple تفيد بأن الشركة قد جمعت مئات الملايين من خلال المبيعات غير المسجلة لرموز XRP ، مما أدى إلى شطب البورصة والضغط العام. ومع ذلك ، فقد تعافت Ripple إلى حد كبير ، وهي سابع أكبر عملة مشفرة بقيمة سوقية تبلغ 50 مليار دولار.v

قم بزيارة XRP في ripple.com وورقتهم البيضاء في
ripple.com/files/ripple_consensus_whitepaper.pdf

بولكادوت (نقطة)

تم إطلاق Polkadot في عام 2020 من قبل مؤسسة Web3 ، وكان يهدف إلى تحسين العملات السابقة في خمسة مجالات: قابلية التوسع ، والعزلة ، وقابلية التطوير ، والحوكمة ، وقابلية التطبيق. تم تصميم بروتوكول شبكة Polkadot ليكون blockchain للأغراض العامة ويستخدم الأمان المجمع وقابلية التفاعل بين السلاسل الخالية من الثقة لتعزيز قابلية التوسع. تم تشغيل رمز DOT في الأصل من خلال إثبات السلطة (PoA) وتحول إلى إثبات الحصة المعين (NPoS) ، والذي يختار المدققين للمشاركة في بروتوكول الإجماع (التراص). تعد Polkadot حاليا ثامن أكبر عملة مشفرة وتحافظ على قيمة سوقية تبلغ 40 مليار دولار.vi

قم بزيارة Polkadot على polkadot.network والورقة البيضاء الخاصة بهم على
polkadot.network/PolkaDotPaper.pdf

عملة الدولار الأمريكي (دولار أمريكي)

تم إطلاق USD Coin في عام 2018 من قبل Circle و Center consortium حول مفهوم الارتجال على Tether (أول عملة مستقرة واسعة النطاق) من خلال إنشاء عملة مستقرة مضمونة بالعملات الورقية مع حوكمة وشفافية قوية. يتم دعم كل دولار من خلال "الأصول المحجوزة بالكامل" ويمكن لشركة USDC ترميز الدولار الأمريكي من خلال عملية تتضمن إرسال الدولار الأمريكي إلى الحساب المصرفي لمصدر العملة ، ويوفر المصدر عقدا ذكيا لإنشاء مبلغ مكافئ من USDC ، ويتم إرسال العملات المعدنية المسكوكة إلى المستخدم مع الدولارات المحتفظ بها كاحتياطيات. أعلنت Visa أنه يمكن تسوية المعاملات باستخدام USDC في مارس من عام 2021 ، وتبلغ القيمة السوقية لشركة USDC حاليا 38 مليار دولار.[vii]

قم بزيارة USD Coin في centre.io/usdc وورقتهم البيضاء في
f.hubspotusercontent30.net/hubfs/9304636/PDF/centre-whitepaper.pdf

الانهيار (أفاكس)

تم إطلاق Avalanche في عام 2018 بهدف بناء "منصة blockchain عالية الأداء وقابلة للتطوير وقابلة للتخصيص وآمنة" والتي سرعان ما أصبحت منافسا رائدا ل Ethereum. يمكن للمستخدمين إنشاء وتشغيل التطبيقات اللامركزية (dApps) على منصة Avalanche. باعتبارها أسرع منصة عقود ذكية في صناعة blockchain ، نمت شبكة Avalanche إلى مئات dApps وقيمة سوقية تبلغ 26 مليار دولار.[viii]

قم بزيارة Avalanche في avalabs.org و avalabs.org/whitepapers

دوجكوين (دوجي)

تم تصور Dogecoin من قبل بيلي ماركوس وجاكسون بالمر ، وهما مهندسان من IBM و Adobe. تصور بالمر دوجكوين ، بينما صمم ماركوس بروتوكول DOGE على أساس Litecoin. كان من المفترض في الأصل أن تكون العملة مجرد مزحة ، لكنها أطلقت في ديسمبر 2013 وقفزت بنسبة مئات بالمائة في شهرها الأول. في عام 2014 ، قمع حجم تداول Dogecoin لفترة وجيزة حجم كل عملة مشفرة (بما في ذلك Bitcoin) مجتمعة. طوال عامي 2020 و 2021 ، دفع الضجيج الاجتماعي Dogecoin إلى الارتفاع بالآلاف في المائة ، في المرتبة الثانية في تصنيفات عملة meme بعد Shiba Inu. يواصل مجتمع Dogecoin بناء فائدة حول العملة ويعمل كمثال مثير للاهتمام لعلم النفس وانقسامات الأجيال في المنظورات المالية. بلغت DOGE ذروتها عند سقف سوقي قدره 70 + مليار دولار وتبلغ حاليا 28 مليار دولار.[ix]

قم بزيارة Dogecoin في dogecoin.com.

تيرا (لونا)

تم إطلاق Terra في عام 2019 ، ويهدف إلى تحقيق استقرار الأسعار من خلال عرض نقدي مرن وحوافز تعدين مستقرة ، وبهذه الطريقة إنشاء عملة مشفرة تجمع بين أفضل ما في الطبيعة اللامركزية للبيتكوين والاستقرار النسبي للعملات الورقية. انطلقت تيرا وراء تحالف تيرا ، الذي كان مجتمعا من 15 شركة تجارة إلكترونية في آسيا تعالج سنويا 25 مليار دولار أمريكي في حجم المعاملات. سيوفر التحالف النطاق اللازم لتغذية اعتماد Terra. اليوم ، يعمل بروتوكول Terra كشبكة عملات مستقرة يمكن للمستخدمين من خلالها إنشاء عملات مستقرة مرتبطة بالعملات الورقية ، بينما تعمل عملة LUNA كأصل احتياطي. تبلغ القيمة السوقية ل LUNA 16 مليار دولار ، ويقوم نظام Terra البيئي بتشغيل مشاريع 100 + عبر مساحات DeFi و Web3 و NFT.[x]

قم بزيارة Terra على terra.money والورقة البيضاء الخاصة بهم في assets.website-files.com/611153e7af981472d8da199c/618b02d13e938ae1f8ad1e45_Terra_White_paper.pdf

يونيسواب (يوني)

تم إطلاق Uniswap (المسمى في الأصل Unipeg ، كمزيج بين وحيد القرن و Pegasus) في عام 2018 بقصد احتضان خصائص كونه مقاوما للرقابة ، ولامركزيا ، وبدون إذن ، وآمنا تماما ، وهو ما شعر المخترع (هايدن آدامز) أنه يفتقر إليه في المشاريع الكبرى على شبكة Ethereum. تم إطلاق بورصة Uniswap كواجهة عقد ذكية مبسطة لتداول رموز ERC20 ، وتم إطلاق رمز UNI في عام 2020. تجاوزت بورصة Uniswap 500 مليار دولار في حجم التداول التراكمي في عام 2021 ، وتقع UNI عند سقف سوقي يبلغ 12 مليار دولار.[xi]

قم بزيارة Uniswap في uniswap.org وورقتهم البيضاء في uniswap.org/whitepaper.pdf

تشينلينك (حلقة الوصل)

تم إنشاء ChainLink في عام 2014 وتم إطلاقه في عام 2017 ، وطورت شبكات Oracle اللامركزية (DONs) ، وهي شبكات تحتفظ بها لجنة من عقد [ChainLink] التي تقترن بالعقود الذكية ، مما يوفر في النهاية معاملات آمنة للغاية. تسمح DONs ل ChainLink بتطوير عقود ذكية هجينة ، والقضاء على التعقيد ، وتمكين الحجم والسرية ، ومتابعة الأمان من خلال آليات حوافز قوية. ومنذ ذلك الحين ، حصلت شبكة ChainLink على قيمة بقيمة 83 مليار دولار ، وتبلغ القيمة السوقية لشركة LINK 10 مليارات دولار.[xii]

قم بزيارة ChainLink في chain.link والورقة البيضاء الخاصة بهم في chain.link/whitepaper.

مضلع (ماتيك)

تم إطلاق Polygon في عام 2017 على Ethereum blockchain ، وكان يهدف إلى حل العديد من المشكلات التي تواجهها Ethereum ، وهي انخفاض الإنتاجية والرسوم المرتفعة وانعدام السيادة. تم إطلاق Polygon ك "بروتوكول وإطار عمل لبناء وربط شبكات blockchain المتوافقة مع Ethereum" وتحولت إلى Polygon blockchain في عام 2019. الآن ، يعمل Polygon كحل تحجيم من الطبقة 2 للشبكات المتوافقة مع Ethereum - حتى أنه تجاوز Ethereum في قاعدة المستخدمين في أكتوبر 2021.[16] تبلغ القيمة السوقية لشركة MATIC 18 مليار دولار.[xiii]

قم بزيارة Polygon في polygon.technology والورقة البيضاء الخاصة بهم في polygon.technology/lightpaper-polygon.pdf

ألغوراند (ألغو)

تم إطلاق Algorand في عام 2019 ، وكان يهدف إلى توفير أمان محسن وقابلية للتوسع وإنهاء سريع للمعاملات في بيئة خالية تماما من التصاريح من خلال بروتوكول اتفاقية بيزنطية جديد. اليوم ، تمتلك شبكة Algorand 15 مليون عنوان وتحقق نهائيا للكتلة في 4.39 ثانية. تبلغ القيمة السوقية لشركة ALGO 11 مليار دولار.[xiv]

قم بزيارة Algorand في algorand.com وورقتهم البيضاء في
algorandcom.cdn.prismic.io/algorandcom%2Fece77f38-75b3-44de-bc7f-805f0e53a8d9_theoretical.pdf

إلروند (إي جي إل دي)

تأسست Elrond في عام 2017 ، وتهدف إلى إنشاء blockchain عام قابل للتطوير بدرجة كبيرة من خلال مزيج من مشاركة الحالة التكيفية وإثبات الحصة الآمن (SPoS). تحل بنية Elrond مشاكل الطاقة والنفايات الحسابية لـ Bitcoin و Ethereum وتضمن التوزيع العادل مع نموذج SPoS الجديد. أطلقت Elrond تطبيقا للمحفظة والمدفوعات يسمى Maiar في عام 2021 يهدف إلى أن يصبح Venmo للعملات المشفرة ، وتبلغ القيمة السوقية لعملة EGLD 14 مليار دولار.[xv]

قم بزيارة Elrond في elrond.com وورقتهم البيضاء في elrond.com/assets/files/elrond-whitepaper.pdf

---

[16] وفقا لـ Etherscan.

ممتاز (XLM)
قدم Stellar Lumens نموذج إجماع جديد يسمى الاتفاقية البيزنطية الموحدة (FBA). يجمع بروتوكول إجماع ستيلر (SCP) ، المبني على FBA ، بين التحكم اللامركزي الذي يوفره PoW و PoS مع الكمون المنخفض والأمن المقارب للاتفاقيات البيزنطية. تلقت Stellar 3 ملايين دولار كتمويل أولي من Stripe في عام 2014 ونمت إلى 3 ملايين حساب مسجل في العام 1. تعمل مشاريع 80 + الآن على Stellar blockchain و XLM تبلغ قيمتها السوقية 8 مليارات دولار.[xvi]

قم بزيارة Stellar في stellar.org وورقتهم البيضاء في stellar.org/papers/stellar-consensus-protocol?locale=en

أكسي إنفينيتي (محاور)
تم إطلاق Axie Infinity في عام 2018 كواحدة من أولى ألعاب التشفير ، كونها عالما مستوحى من بوكيمون حيث يمكن للاعبين كسب الرموز من خلال اللعب ومعارك لاعب ضد لاعب ، وكذلك عن طريق تربية "Axies" وتداولها في السوق. وصلت Axie Infinity إلى مليوني مستخدم نشط يوميا في أكتوبر من عام 2021 وتبلغ 3.4 مليار دولار في إجمالي حجم المبيعات ، في حين أن رمز AXS له قيمة سوقية تبلغ 8 مليارات دولار.[xvii]

قم بزيارة Axie Infinity في axieinfinity.com وورقتهم البيضاء في whitepaper.axieinfinity.com

ديسنترالاند (مانا)
Decentraland هو عالم افتراضي قائم على (metaverse) blockchain مدعوم من Ethereum blockchain. الأرض مملوكة بشكل دائم كرموز NFT من قبل المستخدمين ، ويتم استخدام رمز MANA لشراء السلع والخدمات في العالم. بدأ العمل على Decentraland في عام 2015 وتم إطلاق نسخة تجريبية في عام 2017. في ذلك الوقت ، بيعت قطع الأراضي بأقل من 20 دولارا لكل منها ، في حين بيعت حزمة عقارات Decentraland بعد أربع سنوات فقط مقابل رقم قياسي قدره 2.43 مليون دولار. تقع MANA عند سقف سوقي قدره 10 مليارات دولار.[xviii]

قم بزيارة Decentraland في decentraland.org وورقتهم البيضاء في decentraland.org/whitepaper.pdf

داي (داي)

تم تشكيل Maker Protocol و Dai token في عام 2014 (وهو نفس العام الذي تم فيه إطلاق أول عملة مستقرة ، Tether) بقصد أن تصبح "عملة مشفرة غير متحيزة ومدعومة بضمانات مرتبطة بالدولار الأمريكي" مما قلل من تقلبات الأسعار. لا يزال نظام Dai Stablecoin ، الذي أعيدت تسميته لاحقا إلى بروتوكول Maker ، معادلا للدولار الأمريكي من خلال سلسلة من أنظمة التغذية المرتدة الديناميكية تسمى مراكز الديون المضمونة (CDPs). CDPs هي مشتقات عقود ذكية على Ethereum blockchain تمثل عقد دين ومضمونة بأوراق مالية مشفرة. بمجرد إيداع الأموال في العقد الذكي ، يسمح CDP للمستخدم بتوليد قيمة مكافئة بالدولار الأمريكي للقيمة في Dai التي يرغب في اقتراضها. في حين أن هذا قد يبدو معقدا ، إلا أن Dai تعمل على السطح تماما مثل أي عملة مشفرة أخرى (متجاهلة التقلبات) وتقدم فوائد العملات الرقمية واللامركزية دون تقلبات ومخاطر. تبلغ القيمة السوقية لشركة DAI 6.5 مليار دولار.[xix]

قم بزيارة Dai في makerdao.com وورقتهم البيضاء في makerdao.com/en/whitepaper

عالم (ذرة)

تم إطلاق Cosmos في عام 2014 بهدف إنشاء سلاسل كتل يمكنها التواصل والتفاعل مع بعضها البعض ، على عكس الشبكات المعزولة القياسية. يمكن أن تحتفظ سلاسل الكتل القابلة للتشغيل البيني هذه بخصائصها الأمنية ولا تعيق قابلية التوسع. تتكون شبكة Cosmos الآن من العديد من سلاسل الكتل المستقلة ، والتي تسمى المناطق ، والتي يتم تشغيلها بشكل جماعي بواسطة محرك إجماع Tendermint البيزنطي المتسامح مع الأخطاء (BFT). تبلغ القيمة السوقية لعملة ATOM 6 مليارات دولار.[xx]

قم بزيارة Cosmos على cosmos.network والمستند التقني الخاص بهم على v1.cosmos.network/resources/whitepaper

صندوق الرمل (رمل)

يهدف Sandbox إلى بناء عالم افتراضي يمكن للاعبين من خلاله "بناء تجارب الألعاب الخاصة بهم وامتلاكها وتحقيق الدخل منها" باستخدام رمز الأداة المساعدة SAND. يمكن اعتبار Sandbox مشابها ل Minecraft و Roblox ، باستثناء أن اللاعبين يمتلكون حقا ممتلكاتهم داخل اللعبة من خلال NFTs. الأرض داخل اللعبة نادرة وقابلة للتداول وقابلة للتخصيص ، ويمكن للاعبين "الصياغة واللعب والمشاركة والجمع والتجارة دون تحكم مركزي". يوفر Sandbox أيضا محرر Voxel ، والذي يسمح للمستخدمين بإنشاء وتحريك كائنات 3D وسوق ، حيث يمكن للمستخدمين تحميل ونشر وبيع إبداعات VoxEdit الخاصة بهم (لاستخدامها في اللعبة) ، وصانع ألعاب ، حيث يمكن وضع الأصول المملوكة على أرض مملوكة في المشهد الرقمي. تم إطلاق إصدار Sandbox alpha في نوفمبر 2021 ، ويمتلك مالكوه البالغ عددهم 12000 الآن بشكل جماعي أرضا رقمية بقيمة 500 مليون دولار.[xxi]

قم بزيارة Sandbox في sandbox.game والورقة البيضاء الخاصة بهم على installers.sandbox.game/The_Sandbox_Whitepaper_2020.pdf.

هيليوم (هنت)

الهيليوم هي شبكة لاسلكية لامركزية "تمكن الأجهزة في أي مكان في العالم من الاتصال لاسلكيا بالإنترنت". يهدف الهيليوم إلى تعطيل صناعة الشبكات اللاسلكية المحتكرة وإزالة الحاجة إلى وسيط مركزي في تلقي تغطية الشبكة اللاسلكية. تعمل تغطية الإنترنت اللاسلكية اللامركزية من خلال شبكة موزعة من عمال المناجم ، الذين يوفرون تغطية شبكة لاسلكية مقابل رموز HNT. تحتوي شبكة Helium على 300k + عقد حية ، وقد دخلت مؤخرا في شراكة مع Dish Network لتوفير وصول 5G موزع ، وبنت HNT إلى سقف سوقي قدره 4.5 مليار دولار.[xxii]

قم بزيارة Helium في helium.com وورقتهم البيضاء في whitepaper.helium.com.

ايوس (إيوس)

تم إطلاق EOS في عام 2018 كنسل لشركة blockchain الخاصة block.one (b1.com) بهدف تقديم منصة سريعة وقابلة للتكوين للغاية للابتكار والأداء blockchain ، تستهدف إلى حد كبير الشركات والمطورين. جمعت EOS 4.1 مليار دولار في ICO 2018 ، ومنذ ذلك الحين نمت إلى 4.1 مليار دولار من القيمة السوقية.[xxiii]

قم بزيارة EOS في eos.io والمستند التقني الخاص بهم في github.com/EOSIO/Documentation/blob/master/TechnicalWhitePaper.md

عملة إنجين (إنج)

Enjin هي أكبر منصة لإنشاء مجتمع الألعاب (مع 18.7 مليون مستخدم مسجل) وتهدف إلى توفير منصة لامركزية لإدارة وتوزيع وتداول السلع الافتراضية ، بالإضافة إلى أدوات لإنشاء وتمكين تجارب ألعاب و NFT جديدة عبر التطبيقات. أكثر من 250،000 مجتمع ألعاب وآلاف الألعاب تخلق مجتمعا نابضا بالحياة لشبكة Enjin ، وتبلغ القيمة السوقية ل Enjin Coin 3.3 مليار دولار.[xxiv]

قم بزيارة Enjin في enjin.io وورقتهم البيضاء في cdn.enjin.io/downloads/whitepapers/enjin-coin/en.pdf

حفل (جالا)

نظام Gala Games البيئي عبارة عن منصة ألعاب تعمل من خلال 16000 عقدة يديرها اللاعب وتوفر آليات تصويت لتحديد الألعاب التي يجب تمويلها وإحضارها إلى منصة Gala. داخل النظام البيئي ، يقوم أعضاء فريق 90 + بتطوير ألعاب NFT و blockchain. يقع رمز GALA عند سقف سوقي قدره 3 مليارات دولار.

قم بزيارة Gala على app.gala.games والورقة البيضاء الخاصة بهم على support.gala.games/en_US/gala/what-is-gala

القاموس الكامل: من الألف إلى الياء

بعد هذه النقطة ، بقية الكتاب قاموس يحتوي على كل المصطلحات المذكورة سابقا في هذا الكتاب ، وكذلك العديد من المصطلحات التي لم يتم ذكرها. يرجى مراعاة ما يلي:

- يتم فرز الكلمات أبجديا من الألف إلى الياء. هذا يستثني قلة مختارة تم إدراجها ، لأسباب مختلفة ، خارج الترتيب. إذا لم تتمكن من العثور على كلمة في المكان الأبجدي الذي يجب أن تشغله ، فارجع إلى الفهرس في نهاية الكتاب.

- تم تبسيط بعض المفاهيم أو المصطلحات أو الجوانب الفنية و / أو إزالتها باسم الفهم. لفهم المصطلحات والمفاهيم على مستوى متقدم ، استشر مصادر خارجية متعمقة ، يمكن العثور على العديد منها في قسم الموارد في الجزء الخلفي من هذا الكتاب.

1 م ، 3 م ، 5 م ، 15 م ، 30 م ، 1 ساعة ، إلخ.

فترات زمنية ، M تعني دقائق ، H تعني ساعات ، و D تعني أيام. توجد عادة على الرسوم البيانية.

51٪ هجوم

يشير هجوم 51٪ إلى هجوم على شبكة blockchain ، على غرار الاختراق ، على الرغم من أن المقارنة الأكثر ملاءمة هي الاستحواذ العدائي على الأسهم والشركة المقابلة. يتم تنفيذ الهجمات من قبل مجموعة من عمال المناجم الذين يتحكمون في أكثر من 50٪ من قوة الحوسبة للشبكة. بمجرد أن تتحكم المجموعة في أكثر من 50٪ من قوة الحوسبة ، يمكنها تغيير المعاملات عمدا ، نظرا لأن إجماع blockchain يعتمد على الأغلبية. بمجرد سيطرتهم على الشبكة ، قد يصدرون معاملات مرتين (تسمى الإنفاق المزدوج) ويحققون الربح. ومع ذلك ، فإن 51٪ من الهجمات نظرية إلى حد كبير ومن المستحيل عمليا تنفيذها بنجاح على معظم العملات المشفرة الراسخة.

حساب

الحساب هو زوج من المفاتيح العامة والخاصة التي يمكنك من خلالها التحكم في أموالك. عادة ما يتم عرض الحسابات من خلال التبادل ، والذي يوفر واجهة مستخدم مثالية. ومع ذلك ، يتم تخزين الأموال بالفعل على blockchain ، وليس في الحسابات.

عنوان

العنوان ، المعروف أيضا باسم مفتاحك العام ، هو مجموعة فريدة من الأرقام والحروف التي تعمل كرمز تعريف ، يمكن مقارنتها برقم حساب مصرفي أو عنوان بريد إلكتروني. مع ذلك ، يمكنك إجراء المعاملات على blockchain. تحتوي العناوين على "شعارات" مستديرة وملونة تسمى معرفات العناوين (أو ببساطة "الرموز"). تتيح لك هذه الرموز معرفة ما إذا كنت قد أدخلت عنوانا صحيحا أم لا.

انزال

الإنزال الجوي هو أداة تسويقية تستخدمها العملات المعدنية الجديدة. سيمنح الفريق الذي يقف وراء عملة أو رمز مميز جديد المستخدمين القدرة على تلقي الأصل مجانا ، عادة مقابل مهمة صغيرة ، مثل متابعة الشركة على وسائل التواصل الاجتماعي أو تقديم عنوان بريد إلكتروني. تعتبر عمليات الإنزال الجوي رائعة للمشاريع ، نظرا لأن العديد من العملاء الجدد متحمسون للعملة ويريدون رؤيتها ترتفع في القيمة. كما أنها رائعة للمستخدمين ، حيث يتم منح العملات المعدنية أو الرموز مجانا. ومع ذلك ، فإن عمليات الاحتيال في الإنزال الجوي شائعة ، وتفشل العديد من العملات المعدنية الجديدة ، لذا تأكد من إجراء البحث لفهم ما هي عمليات الإنزال الجوي الجديدة الجيدة وما هي عمليات الإنزال الجوي غير الجيدة. فيما يلي بعض المواقع التي توفر معلومات عن عمليات الإنزال الجوي الجديدة:

- aidrops.io
- airdropalert.com
- icomarks.com
- cocoricos.io

خوارزمية

تحدد الخوارزميات القواعد التي يتبعها البرنامج. يتم استخدام العديد من أشكال الخوارزميات عبر الإنترنت ، مثل تلك التي تستخدمها خدمات الوسائط الاجتماعية لتحديد المحتوى الذي يحصل على مقدار التعرض. تستخدم Blockchains والعملات المشفرة الخوارزميات لأداء مجموعة متنوعة من المهام.

ألتكوين

كانت Bitcoin أول عملة مشفرة ، بالإضافة إلى العملة التي شاعت الصناعة. نتيجة لذلك ، تنتمي Bitcoin إلى فئتها الخاصة ، بينما يشار إلى جميع العملات الأخرى باسم altcoins.

المستثمرون الملاك

المستثمرون الملاك هم أفراد أثرياء يتطلعون إلى الاستثمار في الشركات الناشئة ورجال الأعمال وتوفير التمويل لهم.

تحكيم

تتداول البورصات المتعددة نفس العملات المشفرة في أي وقت وأحيانا تحدث اختلافات صغيرة في السعر بين هذه البورصات. يحاول متداولو التحكيم الربح من هذا الهامش الصغير عن طريق شراء وبيع الفرق.

المبادلة الذرية

المقايضة الذرية هي تقنية عقد ذكية تسمح للمستخدمين بتبادل عملتين مختلفتين لبعضهما البعض دون وسيط من طرف ثالث ، وعادة ما يكون تبادلا ، ودون الحاجة إلى الشراء أو البيع. لا يمكن للبورصات المركزية مثل Coinbase إجراء مقايضات ذرية. بدلا من ذلك ، تسمح التبادلات اللامركزية بالمقايضات الذرية وتعطي السيطرة الكاملة للمستخدمين.

كيس

تشير الحقيبة إلى موضع المرء. على سبيل المثال ، إذا كنت تمتلك كمية كبيرة من عملة معدنية ، فأنت تمتلك حقيبة منها.

حامل الحقيبة

حامل الحقيبة هو تاجر لديه مركز في عملة لا قيمة لها. غالبا ما يحمل حاملو الحقائب الأمل في المواقف التي لا قيمة لها.

الدب / الهابط / ثور / الصعودي

أن تكون دبا يعني أنك تعتقد أن سعر العملة أو الرمز المميز أو قيمة السوق ككل ستنخفض. يعتبر المستثمرون الذين يفكرون بهذه الطريقة "هبوطيين" على الأصل المحدد. العكس هو أن تكون صعوديا: الشخص الذي يعتقد أن ارتفاع القيمة سيحدث هو صعودي على هذا الأصل.

علم الدب / علم الثور

علم الدب هو مؤشر على مخطط عملة أو رمز مميز على احتمال حدوث اتجاه هبوطي. علم الثور هو عكس علم الدب ويشير إلى اتجاه صعودي.

مصيدة الدب / مصيدة الثور

يشير مصيدة الدب إلى إشارة اتجاه هبوطي خاطئة. يشار إلى هذا باسم "الفخ" لأن المتداولين الذين يأخذون مصيدة الدببة كمؤشر على الاتجاه الهبوطي قد يقومون ببيع العملة أو الرمز المميز ؛ ومن ثم خسارة المال عندما يرتفع السعر بالفعل. مصيدة الثور هي عكس مصيدة الدب. يمكن في بعض الأحيان التلاعب بمصائد الدببة إلى الوجود. في مثل هذه الحالة ، تهدف مجموعة من المتداولين إلى تحطيم عملة مشفرة بسرعة ثم تحقيق ربح سريع من الارتداد. يجب أن يمتلك المعنيون مركزا كبيرا لعملة معينة. بعد ذلك ، يبيعون جميعا مراكزهم في نفس الوقت ، مما يخدع السوق للاعتقاد بحدوث انهيار ، مما يؤدي إلى المزيد من البيع ، مما يتسبب في ضرب وقف الخسائر وحدوث المزيد من عمليات البيع ، مما يؤدي إلى انخفاض أكثر حدة. أولئك الذين وضعوا الفخ يشرعون في الشراء مرة أخرى في مراكزهم بسعر أقل. بمجرد أن يرتد السعر ، فإنهم يحققون ربحا.

الدب الحوت

الحوت هو الشخص الذي يشغل منصبا كبيرا جدا في عملة معدنية. الدب هو شخص لديه رأي سلبي حول المكان الذي تتجه إليه العملة المعدنية أو الرمز المميز. لذا ، فإن BearWhale هو شخص يشغل مركزا كبيرا جدا في أحد الأصول ولكنه يعتقد أن الأصل سينخفض في السعر. من الواضح أن حيتان الدب ليست شائعة جدا.

بت

يشير الميكروبيتكوين ، أو البت ، إلى واحد من المليون من البيتكوين.

بيتكوين

كانت Bitcoin أول عملة مشفرة. تم إنشاؤه في عام 2008 من قبل فرد أو مجموعة من الأفراد يعملون تحت اسم ساتوشي ناكاموتو.
صراف آلي للبيتكوين

ماكينة الصراف الآلي للبيتكوين هي ماكينة صراف آلي يمكن من خلالها شراء أو بيع البيتكوين ، وربما العملات المشفرة الأخرى. تكتسب أجهزة الصراف الآلي للبيتكوين شعبية بالتوازي مع نمو البيتكوين وصناعة العملات المشفرة الأوسع.

اقتراح تحسين البيتكوين (BIP)

عملية اقتراح تحسين Bitcoin هي العملية القياسية التي يمكن من خلالها اقتراح تحديثات Bitcoin وتحسين الشبكة. مع BIP ، يمكن للمستخدمين اقتراح تغييرات ، وإذا تم الاتفاق على هذه التغييرات عالميا ، فقد تقوم شبكة Bitcoin بأكملها بدمجها.

حدث البجعة السوداء

حدث البجعة السوداء هو حدث غير متوقع تماما. على سبيل المثال ، إذا استثمرت في عملة معدنية وظهرت أخبار الأسبوع التالي بأن المشروع تلقى تمويلا من مجموعة من المستثمرين الملاك المحترمين ، فقد ترتفع قيمة هذه العملة بشكل غير متوقع.

حجز

الكتلة ، المستخدمة في السياق كجزء من blockchain ، هي بنية بيانات تحتوي على معلومات حول المعاملات. تتضمن هذه البيانات عادة مقدار ووقت المعاملة ، بالإضافة إلى العناوين المعنية.

مستكشف الكتل

مستكشف الكتلة هي خدمات عبر الإنترنت تتعقب معاملات blockchain وتوفر الوصول إلى دفاتر الأستاذ العامة blockchain. Etherscan هو مستكشف كتلة شعبية.

ارتفاع الكتلة

ارتفاع الكتلة هو عدد الكتل في blockchain. الارتفاع 0 هو الكتلة الأولى ، (يشار إليها باسم كتلة التكوين) الارتفاع 1 هو الكتلة الثانية ، وهكذا. حاليا ، تجاوز ارتفاع كتلة البيتكوين نصف مليون. يبلغ "وقت إنشاء الكتلة" للبيتكوين حاليا حوالي 10 دقائق ، مما يعني أنه تتم إضافة كتلة جديدة واحدة إلى blockchain Bitcoin كل 10 دقائق تقريبا.

كتلة المكافأة

تشير مكافأة الكتلة إلى عدد العملات المعدنية التي يمكن أن يكسبها عامل المنجم لكل كتلة تم تعدينها والتحقق من صحتها بنجاح.

بلوكتشين

blockchain هو نوع من قواعد البيانات التي تنظم كل قائمة من المعاملات (يشار إليها باسم الكتل) في سلاسل ، ومن هنا جاءت تسميتها. تستخدم شبكات Blockchain DLT (تقنية دفتر الأستاذ اللامركزي) وشبكات نظير إلى نظير لإنشاء شبكات لامركزية ومجهولة وآمنة.

فضله

المكافأة هي مكافأة تقدم لإكمال مهمة. ستقدم العديد من الشركات الناشئة المشفرة مكافآت (عادة ما تكون المكافآت هي العملة أو الرمز المميز في متناول اليد) كمكافأة للمستخدمين الذين ينشرون الكلمة حول مشروعهم.

محفظة الدماغ

محفظة الدماغ هي حساب تم إنشاؤه من كلمة مرور أو عبارة مرور من اختيارك. ومع ذلك ، نظرا لأن البشر ليسوا جيدين جدا في إنشاء وتذكر كلمات مرور طويلة ومعقدة ، فإن محافظ الدماغ غير آمنة إلى حد ما ويمكن اختراقها من خلال هجمات القوة الغاشمة. بدلا من ذلك ، من الأفضل بكثير تخزين كلمات المرور ، إذا جاز التعبير ، بعيدا عن الدماغ ، وفي مواقع مادية أو عبر الإنترنت آمنة.

هجوم القوة الغاشمة (BFA)

هجوم القوة الغاشمة هو هجوم يقوم ببساطة بمعلومات "القوى الغاشمة" ، مثل كلمة المرور ، ببساطة عن طريق تجربة أكبر عدد ممكن من المجموعات. يمكن لهجمات القوة الغاشمة المتقدمة أن تولد ملايين المجموعات في الثانية. BFAs هي السبب في أنه لا يمكنك محاولة إدخال كلمة مرور إلا عدة مرات قبل أن يتم قفلها.

فقاعة

تشير الفقاعة في العملات المشفرة وجميع الاستثمارات إلى الوقت الذي يرتفع فيه معظم السوق ، وعادة ما يكون بمعدل غير مستدام. في كثير من الأحيان ، سوف تنفجر الفقاعات وتؤدي إلى انهيار كبير. لهذا السبب ، فإن التواجد في فقاعة ، سواء كان يشير إلى عملة أو رمز معين ، ليس بالأمر الجيد.

علة باونتي

مكافأة الأخطاء هي مكافأة تمنح لشخص أو أشخاص يجدون أخطاء أو نقاط ضعف في برنامج كمبيوتر أو نظام أوسع. غالبا ما تقدم الشركات الكبيرة ملايين الدولارات في شكل مكافآت مكافأة للأخطاء ، لأن تحديد نقاط الضعف يمكن أن يمنع الاختراق.

مُحرق

يتضمن فعل حرق العملة المشفرة إرسال عملات معدنية إلى حساب يتعذر الوصول إليه (يسمى عنوان الآكل) ، مما يقلل من المعروض الفعال للعملة. الحرق يدير التضخم ويزيد القيمة من خلال الندرة.

شراء الجدار

يحدث جدار الشراء عندما يتم وضع أمر حد كبير لشراء عملة مشفرة بقيمة معينة. يمكن أن يمنع "جدار الشراء" هذا الأصل من الانخفاض إلى ما دون تلك القيمة ، لأن الطلب بهذا السعر يتجاوز العرض بكثير.

نقد

في عالم التشفير والاستثمارات ، لا يعني النقد الاحتفاظ بالنقد الحرفي ، بل يعني الأموال التي لا يتم استثمارها بل يتم الاحتفاظ بها في حساب رقمي.

دفتر الأستاذ المركزي

دفتر الأستاذ المركزي هو دفتر أستاذ يتحكم فيه كيان واحد. تستخدم البنوك دفاتر الأستاذ المركزية.

ربط السلسلة

يشير ربط السلسلة إلى عملية نقل عملة مشفرة إلى أخرى. نظرا لأن كل عملة لها blockchain الخاص بها ويجب تسجيل المعاملة على كلا blockchains ، يتم ربط سلاسل البيانات على كل blockchain لإكمال المعاملة.

سلسلة سبليت

انقسام السلسلة هو نفس الشوكة.

الشفرات

التشفير هو الاسم الذي يطلق على أي خوارزمية ، غير متصلة بالإنترنت أو عبر الإنترنت ، تقوم بتشفير المعلومات وفك تشفيرها.

تعميم العرض

العرض المتداول هو العدد الإجمالي للعملات المعدنية في العملة المشفرة المتاحة للتداول العام. يمكن "حرق" العرض المتداول أو زيادته من خلال مكافآت التعدين حتى يتم الوصول إلى الحد الأقصى للإمداد.

التخزين البارد

يشير التخزين البارد إلى التخزين غير المتصل لكلمات المرور أو مقتنيات العملات المشفرة.

اكد

يشير تأكيد المعاملة إلى تأكيد المعاملة ، مما يعني أن العديد من الأقران في الشبكة قد تحققوا من صحة المعاملة المحددة. بمجرد تأكيد المعاملة ، يتم تخزينها بشكل دائم وعرضها في دفتر الأستاذ العام.

التقاء / التقاء التداول

يحدث التقاء عندما يتم دمج استراتيجيات ومؤشرات متعددة في استراتيجية واحدة. تداول التقاء هو امتداد لهذا. يشير إلى المتداول الذي يستخدم التقاء في استراتيجية التداول الخاصة به.

اجماع

عندما يتم إجراء معاملة على شبكة blockchain ، يجب على العديد من العقد المختلفة في blockchain التحقق من صحتها والتوصل إلى توافق في الآراء حول ما إذا كانت المعاملة صالحة أم لا. الإجماع يعني ببساطة رأي الأغلبية.

كونسورتيوم بلوكتشين

اتحاد blockchain هو شبكة blockchain مملوكة للقطاع الخاص من قبل أطراف متعددة.

العملات المشفرة للشركات

العملة المشفرة للشركات هي عملة مشفرة تم إنشاؤها أو إدارتها بواسطة كيان مؤسسي.

تصحيح

التصحيح هو حركة سعر هبوطية بعد قفزة سريعة أو ذروة في السعر. على سبيل المثال ، قد يؤدي الانتقال من 10 دولارات إلى 25 دولارا إلى تصحيح إلى 20 دولارا ، حيث يتم العثور على دعم السعر.

وظيفة تجزئة التشفير

وظيفة تجزئة التشفير هي عملية معينة تحدث داخل العقد. ستقوم كل عقدة بتحويل معاملة (أو أي إدخال آخر) إلى سلسلة مشفرة تتكون من أحرف وأرقام تسجل مكان المعاملة في blockchain.

dApp / DAOs

dApp هو اختصار لـ "التطبيق اللامركزي". في الأساس ، يعتبر أي تطبيق يعمل على blockchain (أو أي شبكة نظير إلى نظير أخرى) وليس له مالك مركزي dApp. DAO هو اختصار للمنظمة المستقلة اللامركزية ويشير إلى أي منظمة شفافة ، مملوكة لشبكة من المشاركين الموزعين ، وتدار بقواعد مبرمجة بدلا من هيكل مركزي.

ترتد القط الميت

ارتداد القط الميت هو مصطلح يشير إلى انتعاش قصير للسعر قبل حدوث انهيار كبير.

فك التشفير / التشفير

التشفير هو عملية تحويل النص العادي إلى معلومات مشفرة من خلال استخدام الشفرات. العكس هو فك التشفير ، الذي يحول المعلومات المشفرة إلى نص عادي. يتضمن فك التشفير في التشفير تحويل البيانات المشفرة مرة أخرى إلى نص عادي.

الويب العميق / الويب المظلم

تتكون شبكة الويب العميقة من أجزاء من الويب لا تتم فهرستها بواسطة محركات البحث وبالتالي يتعذر الوصول إليها عن طريق البحث. هذا ليس شائنا بالفطرة وهو ببساطة كيف يتم الحفاظ على خصوصية صفحات الويب. كما أن الويب المظلم لا يستخدم بالضرورة لأغراض شائنة ويتكون من مواقع ويب مخفية لا يمكن الوصول إليها إلا من خلال متصفحات الويب المتخصصة مثل Tor.

الرفع

في بعض الأحيان ، تتم إزالة عملة معدنية أو رمز مميز من البورصة. قد تختار البورصة أو الفريق الذي يقف وراء المشروع شطب الأصل. جاء الحدوث الأكثر شهرة لعمليات الشطب على نطاق واسع بعد تحقيق لجنة الأوراق المالية والبورصات في Ripple (XRP).

مخطط العمق

الرسم البياني لمخططات العمق طلبات البيع والشراء. يظهر مخطط العمق نقطة التقاطع التي تكتمل عندها المعاملات بسرعة ، وهي سعر السوق.

مشتق

مشتق العملة المشفرة هو منتج مالي يستمد القيمة من أصل أساسي ، مثل عملة معدنية أو رمز مميز ، ويسمح للمستثمرين بالتحوط من رهاناتهم وتخفيف الخسارة.

حرج

تشير الصعوبة ، في مساحة التشفير ، إلى تكلفة التعدين. يمكن أن تتغير الصعوبة من لحظة إلى أخرى بناء على الطلب والعرض.

السلع الرقمية

السلعة الرقمية هي أصل رقمي له قيمة. لا يجب أن تكون السلع الرقمية عملات رقمية. NFT والفن الرقمي وأي شيء آخر له قيمة وموجود عبر الإنترنت هي سلع رقمية.

العملة الرقمية

تقع العملات الرقمية في عالم السلع الرقمية. بدلا من الإشارة إلى جميع الأصول الرقمية ، تشير العملات الرقمية إلى جميع العملات التي تعمل عبر الإنترنت فقط وليس لها شكل مادي.

التوقيع الرقمي

يتم استخدام توقيعك الرقمي لتأكيد أن المستندات عبر الإنترنت تأتي منك. هذا لا يعادل التوقيع المادي. بدلا من ذلك ، التوقيعات الرقمية هي تعليمات برمجية يتم إنشاؤها بواسطة خوارزمية.

دفتر الأستاذ الموزع

دفتر الأستاذ الموزع هو دفتر أستاذ يتم تخزينه في العديد من المواقع المختلفة بحيث يمكن التحقق من صحة المعاملات من قبل أطراف متعددة. تستخدم شبكات Blockchain دفاتر الأستاذ الموزعة.

دلفين /حوت

يتم تصنيف حاملي العملات المشفرة من خلال حجم المقتنيات. تسمى تلك التي لديها حيازات كبيرة للغاية الحيتان ، في حين أن تلك التي لديها حيازات متوسطة الحجم تسمى الدلافين.

إنفاق مضاعف

يحدث الإنفاق المزدوج عندما يتم إرسال عملة مشفرة إلى محفظتين مختلفتين في نفس الوقت. تستفيد Blockchains من نماذج الإجماع المختلفة لوقف الإنفاق المزدوج ومن المستحيل عمليا تنفيذ مثل هذه الهجمات على معظم العملات المشفرة الرئيسية.

'تفريغ

يشير التفريغ أو الإغراق إلى بيع كمية كبيرة من العملات المشفرة أو إلى كمية كبيرة من عملة معدنية أو رمز مميز يتم بيعه. على سبيل المثال ، "هذه العملة تغرق" و "أنا أتخلص من هذه العملة".

معاملة الغبار

معاملة الغبار هي معاملة صغيرة للغاية. في بعض الأحيان ، يغمر المهاجمون الشبكات بمعاملات الغبار لتعقب نشاط المعاملات لبعض المحافظ. من خلال تحليل مشترك لنشاط العنوان ، قد يتمكن المهاجمون من إخفاء هوية الشخص أو الشركة وراء المحفظة.

فرضية السوق الفعالة (EMH) / فرضية السوق التكيفية (AMH)

EMH هي نظرية اقتصادية تنص على أن سعر الأصول القابلة للتداول العام يعكس جميع المعلومات المتاحة للجمهور. نظرا لارتفاع العملات والرموز المميزة التي تتحرك في القيمة ببساطة بسبب الضجيج ، ومخططات الضخ والتفريغ ، وجميع الطرق الأخرى التي قد يؤدي بها الأصل إلى الاتجاه الصعودي دون أسباب أساسية أساسية ، فإن فرضية السوق الفعالة لا تعكس سوق العملات المشفرة الحالي. تقترح فرضية السوق التكيفية ، AMH ، أن الأسواق المالية تحكمها قوانين علم الأحياء. وتشمل هذه القوانين على وجه الخصوص ما يلي: يتصرف الناس لمصلحتهم الذاتية، والناس يرتكبون أخطاء، والناس يتكيفون ويختارون بناء على الإجراءات السابقة. AMH أكثر حضورا في أسواق التشفير الحالية من EMH.

التشفير

التشفير هو عملية تحويل النص العادي إلى معلومات مشفرة من خلال استخدام الشفرات. العكس هو فك التشفير الذي يحول المعلومات المشفرة إلى نص عادي.

المستخدمون النهائيون

المستخدمون النهائيون هم الأشخاص الذين يستخدمون الإصدار النهائي من المنتج (على سبيل المثال ، في نهاية عملية الإنشاء). لذا ، فإن المطورين ومختبري الإصدار التجريبي ليسوا مستخدمين نهائيين ، في حين أن المستهلك الذي يشتري منتجا من بائع تجزئة رئيسي هو مستخدم نهائي.

ERC-20 / ERC-20 قياسي

يعد ERC-20 أحد أنواع رموز Ethereum العديدة. تذكر أن الرمز المميز هو رمز مميز لأنه مبني على blockchain آخر ، بينما يتم بناء العملات المعدنية على سلاسل الكتل الخاصة بها. يعد ERC-20 مهما في عالم رموز Ethereum لأنه يستخدم لتحديد القواعد التي تعمل بها جميع الرموز المميزة على Ethereum blockchain. يمكن تشبيهه بحارس أمن. يتطلب ويضمن أن جميع الرموز المميزة في المنطقة المجاورة لها تتبع هذه المجموعة من القواعد. "المعيار" ERC-20 هو القائمة المدمجة لجميع القواعد. يمكن للرموز المميزة التي تستخدم معيار ERC-20 التعامل بين بعضها البعض والتبادل بطريقة أكثر كفاءة.

الضمان

يشير الضمان إلى طرف ثالث يحتفظ بأموال أثناء المعاملة. يجب أن يكون هذا الطرف الثالث غير متحيز ويتأكد من التزام الطرفين بصفقة متفق عليها.

الاثير

Ether هي العملة المشفرة الأصلية لسلسلة كتل Ethereum. رمز المؤشر الخاص به هو ETH ، ولاستخدام أي عملة على Ethereum blockchain ، يجب عليك دفع رسوم في Ether.

تبادل

بورصة [العملات المشفرة] هي سوق يتم فيه تداول العملات المشفرة. يجب الجمع بين التبادلات والمحافظ. في المحافظ ، يمكن الاحتفاظ بالعملات المعدنية من خلال العناوين. تعمل البورصات كوسيط سهل لمساعدة المستخدمين على التعامل.

صنبور

الصنبور هو موقع ويب يقدم عملة مشفرة مجانية مقابل المعلومات ، مثل عنوان IP. الحنفيات هي عمليات احتيال وتختلف عن عمليات الإنزال الجوي. لا تفصح أبدا عن المعلومات الشخصية عبر الإنترنت ، خاصة في مقابل العملة المشفرة "المجانية" الموعودة

فيات

يشير فيات إلى العملات الحكومية ، مثل الدولار الأمريكي واليورو.

أمر التعبئة أو الإنهاء (FOK)

أمر التعبئة أو الإنهاء هو أمر يجب تنفيذه على الفور. إذا لم يحدث هذا ، إلغاء الصفقة. يتم استخدام FOK لضمان إتمام المعاملات التي تنطوي على مراكز كبيرة في فترة قصيرة جدا.

التكنولوجيا المالية

Fintech هي اختصار للتكنولوجيا المالية. تتكون التكنولوجيا المالية من أي تقنية تدعم و / أو تمكن الخدمات المالية. العملات المشفرة هي شركات التكنولوجيا المالية ، وكذلك شركات مثل GoFundMe و PayPal.

التقليب / الخفقان

يستخدم "التقليب" لوصف اللحظة الافتراضية عندما ، إن وجد ، تجاوز الإيثريوم (ETH) Bitcoin (BTC) في القيمة السوقية. كانت "الخفقان" هي اللحظة التي تجاوزت فيها (LTC) Litecoin Bitcoin Cash (BCH) في القيمة السوقية. حدث الخفقان في عام 2018 ، في حين أن التقليب لم يحدث بعد ، واستنادا إلى القيمة السوقية البحتة ، فمن غير المحتمل في الوقت الحالي.

شوكة

الشوكة هي حدوث blockchain جديد يتم إنشاؤه من blockchain آخر. على سبيل المثال ، انفصلت Bitcoin Cash مرة واحدة عن Bitcoin. تحدث الشوكات عندما يكون هناك خلاف بين الخوارزميات وتنقسم إلى نسختين مختلفتين. يوجد نوعان من الشوكات: شوكة صلبة وشوكة ناعمة. الهارد فورك في blockchain هو شوكة تحدث عندما تقوم جميع العقد في الشبكة بالترقية إلى إصدار أحدث من blockchain وترك الإصدار القديم وراءها. ثم يتم إنشاء مسارين: الإصدار الجديد والإصدار القديم. تتناقض الشوكة الناعمة مع هذا عن طريق جعل الشبكة القديمة غير صالحة ؛ ينتج عن هذا blockchain واحد فقط ، وليس الاثنين اللذين يأتيان نتيجة لانقسام صلب.

بدون احتكاك

السوق الخالي من الاحتكاك هو بيئة تداول مثالية لا توجد فيها تكاليف أو قيود على المعاملات. الأسواق الخالية من الاحتكاك هي نظرية فقط.

عقدة كاملة

العقدة الكاملة هي عقدة تقوم بتنزيل واحتواء التاريخ الكامل لـ blockchain من أجل فرض قواعدها بالكامل دون الحاجة إلى مساعدة العقد الأخرى.

التحليل الأساسي

التحليل الأساسي هو تحليل عملة أو رمز مميز من خلال مقاييسها الأساسية. تبحث المقاييس الأساسية في النشاط الاقتصادي والمالي لتحديد القيمة.

العقود الآجلة

العقد الآجل هو عقد معتمد مسبقا بين كيانين لإتمام معاملة بسعر أو تاريخ معين.

غاز

يشير الغاز إلى الرسوم المطلوبة لإكمال المعاملات على بلوكشين إيثريوم. يتم منح رسوم الغاز لعمال المناجم، الذين يتحققون من صحة الكتل ويضمنون شبكات آمنة.

حد الغاز

عندما يتم إجراء معاملة على شبكة، يمكن للمستخدم تعيين الحد الذي يرغب في دفعه كرسوم غاز. سيؤدي تعيين حدود أعلى للغاز يدويا إلى تنفيذ المعاملات بشكل أسرع، نظرا لأن المكافأة أعلى. عادة ما يتم تعيين سعر الغاز تلقائيا على سعر السوق الجاري.

جينيسيس بلوك

كتلة التكوين هي الكتلة الأولى في blockchain.

جيثب

GitHub عبارة عن نظام أساسي للتعاون للمبرمجين ومطوري البرامج ، حيث يمكن مشاركة التعليمات البرمجية مفتوحة المصدر وتنفيذها وتحسينها.

الصليب الذهبي

التقاطع الذهبي هو نمط مخطط يتضمن متوسطا متحركا قصير المدى (على سبيل المثال ، متوسط متحرك لمدة 10 أيام) يتقاطع فوق المتوسط المتحرك طويل المدى (ربما المتوسط المتحرك لمدة 50 يوما). التقاطعات الذهبية هي مؤشرات صعودية.

مجموعة التعدين / مجمعات التعدين

يشير التعدين الجماعي إلى مجموعات من الأشخاص أو الكيانات الذين يجمعون قوتهم الحسابية من أجل التعدين معا وتقسيم المكافآت. التعدين الجماعي مرادف لمجمعات التعدين.

غوي

Gwei هي الفئة (سعر الوحدة) المستخدمة في تحديد تكلفة غاز الإيثريوم. يمكنك التفكير في Gwei و Etherium على أنهما يشبهان البنس مقابل الدولار. 1 ETH يساوي مليار Gwei. يتم استخدام Gwei بدلا من Etherium لأن رؤية أن رسوم الغاز هي 1 Gwei أسهل من رؤية الرسوم على أنها 0.0000000001 Ether. ومع ذلك ، فإن رسوم الغاز مرتفعة جدا اعتبارا من عام 2022 ، ولهذا السبب أصبح اللجوء إلى فئات الإيثر أكثر قابلية للتطبيق حاليا ، على الرغم من أن هذا لن يكون هو الحال إلى الأبد.

خفض

النصف هو العملية التي يتم من خلالها خفض مكافأة تعدين البيتكوين إلى النصف. يحدث تنصيف البيتكوين كل 210,000 كتلة ، وهو ما يعادل تقريبا كل 4 سنوات. سيحدث النصف حتى يتم الوصول إلى الحد الأقصى من المعروض من Bitcoin ويتم تداول جميع العملات المعدنية البالغ عددها 21 مليون عملة.

غطاء صلب

الحد الأقصى هو الحد الأقصى للمبلغ الذي يمكن لمنشئ (منشئي) العملة جمعه خلال ICO (العرض الأولي للعملة).

هارد فورك / شوكة ناعمة

الشوكة هي حدوث blockchain جديد يتم إنشاؤه من blockchain آخر. على سبيل المثال ، انفصلت Bitcoin Cash مرة واحدة عن Bitcoin. تحدث الشوكات عندما يكون هناك خلاف بين الخوارزميات وتنقسم إلى نسختين مختلفتين. يوجد نوعان من الشوكات: شوكة صلبة وشوكة ناعمة. الهارد فورك في blockchain هو شوكة تحدث عندما تقوم جميع العقد في الشبكة بالترقية إلى إصدار أحدث من blockchain وترك الإصدار القديم وراءها. ثم يتم إنشاء مسارين: الإصدار الجديد والإصدار القديم. تتناقض الشوكة الناعمة مع هذا عن طريق جعل الشبكة القديمة غير صالحة ؛ ينتج عن هذا blockchain واحد فقط ، وليس الاثنين اللذين يأتيان نتيجة لانقسام صلب.

التجزئة / معدل التجزئة

التجزئة هي دالة تحول قيمة إلى أخرى ؛ تقوم التجزئة في عالم التشفير بتحويل إدخال الأحرف والأرقام (سلسلة) إلى إخراج مشفر بحجم ثابت. في الأساس ، تساعد التجزئة في التشفير. يتطلب "حل" كل تجزئة العمل بشكل عكسي لحل مشكلة رياضية معقدة للغاية. يسمى المقياس الذي يتم من خلاله الحكم على الكمبيوتر من حيث قدرته على التجزئة معدل التجزئة. ببساطة ، معدل التجزئة هو السرعة التي يمكن للعقدة من خلالها إجراء التجزئة ، والتجزئة مهمة في التشفير.

سداسي عشري (عرافة)

النظام السداسي العشري هو نظام ترقيم يستخدم لتقليل مقدار العمل الذي تحتاجه أجهزة الكمبيوتر. يعتمد النظام السداسي على 16 رمزا - من 0 إلى 9 ومن A إلى F.

محفظة ساخنة / المحفظة الباردة

تشير المحفظة الساخنة إلى محفظة عملة مشفرة متصلة بالإنترنت. على العكس من ذلك ، يشير التخزين البارد إلى محفظة غير متصلة بالإنترنت. تسمح المحافظ الساخنة لمالك الحساب بإرسال واستقبال الرموز بسهولة ؛ ومع ذلك ، فإن التخزين البارد أكثر أمانا من التخزين الساخن.

وسام جبل الجليد

ينفذ أمر جبل الجليد أمرا كبيرا من خلال العديد من الطلبات الأصغر. هذا يسمح للأوامر والمشتري أو البائع بالبقاء متحفظين إلى حد ما ، حيث يتم استخدام أوامر جبل الجليد من قبل أولئك الذين يرغبون في إبقاء المعاملات الكبيرة تحت الرادار.

صندوق المؤشرات / تجارة السلة

يتكون صندوق مؤشر التشفير من العديد من العملات المشفرة. كل ذلك يمكن الاستثمار فيه دفعة واحدة. على سبيل المثال ، يمكن أن يسمح لك صندوق مؤشر مكون من Bitcoin (BTC) و Etherium (ETH) بالاستثمار في كلا الأوراق المالية دون الحاجة إلى شراء كليهما بشكل منفصل. كما تسمح صناديق المؤشرات وتداول السلة للمستخدمين بتنويع المخاطر. بدلا من الاستثمار في أصل واحد متقلب ؛ أنت توزع مخاطرك على الكثيرين. يمكن أن يحتوي صندوق المؤشر على العشرات أو المئات من الأوراق المالية.

تضخم

التضخم هو زيادة أسعار السلع والخدمات نتيجة لطباعة المزيد من النقود. على سبيل المثال ، لنفترض أن مليون دولار موجودة وأن الخبز يكلف 1 دولار. إذا تمت طباعة مليون دولار أخرى ، يجب أن يتضاعف سعر الخبز منطقيا إلى 2 دولار ، حيث يوجد ضعف هذا المال. نظرا لوجود المزيد من الدولارات ، فإن كل دولار فردي أقل قيمة ، مما يجعل السلع والخدمات أكثر تكلفة ، وهذا هو المفهوم الأساسي للتضخم.

الطرح الأولي للعملة (ICO)

من أجل جمع الأموال والوعي ، غالبا ما يضع منشئو العملة المشفرة جزءا أوليا من مخزونهم من العملات المعدنية للشراء.

عرض التبادل الأولي (المعهد الأوروبي للأورام)

يشبه IEO ICO. كلاهما عروض أولية للعملات المعدنية أو الرموز المميزة المستخدمة فقط داخل مساحة التشفير. تأتي IEOs في الموضة كنسخة محسنة من ICOs لأن IEOs تسمح لمنصات تداول العملات المشفرة عبر الإنترنت بجعل الأصل قابلا للتداول مباشرة. في الأساس ، تتطلب IEOs جهدا أقل للاستثمار في عملية التداول للعرض الأولي وتبسيطها.

الاكتتاب العام الأولي (الاكتتاب العام) / الإدراج المباشر

الاكتتاب العام هو العملية التي يمكن من خلالها أن تصبح الشركة متداولة علنا في البورصة. يمكن أن تحتوي العملات المشفرة أو الرموز المميزة على IEO أو ICO ، ولكن ليس IPO. ومع ذلك ، فإن بعض شركات التشفير المركزية تنمو بشكل كبير بما يكفي بحيث يكون لديها اكتتاب عام. يمكن للشركة أيضا أن تصبح مدرجة في البورصة من خلال الإدراج المباشر ، وكلتا الطريقتين لهما نتيجة نهائية مشتركة. كان Coinbase أكبر اكتتاب عام أولي لبورصة العملات المشفرة.

التعريفي

يحدث الإنستامين عندما يتم إنشاء العملات المعدنية كدفعة واحدة كبيرة ، بدلا من إنشاء عملات معدنية جديدة ببطء من خلال التعدين. Instamines ليست شائعة جدا وأكثر عرضة للاحتيال.

المفاتيح

المفتاح هو سلسلة عشوائية من الأحرف التي تستخدمها الخوارزميات لتشفير البيانات. يتم استخدام مفتاحين للعملة المشفرة: مفتاح عام ومفتاح خاص. كلاهما مهم للفهم ويتم تعريفهما بعمق في الأقسام الأخرى.

أزواج المفاتيح

زوج المفاتيح هو مزيج من مفتاح عام وخاص. تحتوي جميع المحافظ على زوج مفاتيح فريد مرتبط بها.

اعرف عميلك (اعرف عميلك)

تتطلب إرشادات اعرف عميلك أن يحصل المتخصصون الماليون على هوية عملائهم. تتناسب إجراءات "اعرف عميلك" مع سياسات مكافحة غسل الأموال الأوسع نطاقا.

كمون

الكمون هو التأخير بين وقت إرسال المعاملة وعندما تتعرف الشبكة على المعاملة. قد ينظر إلى الكمون على أنه تأخر.

طبقة 2 ج

الطبقة 2 هي إطار عمل ثانوي أو بروتوكول مبني على نظام blockchain. تم تصميم معظم بروتوكولات الطبقة 2 لتعزيز قابلية التوسع blockchain.

دفتر الاستاذ

يخزن دفتر الأستاذ blockchain بيانات حول جميع المعاملات المالية التي تتم على blockchain معين. تستخدم العملات المشفرة دفاتر الأستاذ العامة ، مما يعني أن جميع المعاملات التي تتم باستخدام تلك العملة المشفرة قابلة للعرض بشكل عام من خلال دفتر الأستاذ. ارجع إلى قسم Blockchain لمزيد من المعلومات حول دفاتر الأستاذ العامة.

النفوذ

يمكن للمستثمرين "الاستفادة" من أموالهم من خلال تحمل الديون. لنفترض أن لديك 1000 دولار وأنك تأخذ رافعة مالية 5x ؛ يمكنك الآن استثمار أموال بقيمة 5,000 دولار. من خلال نفس الوظيفة ، الرافعة المالية 10x هي 10,000 دولار و 100x هي 100,000 دولار. مثل التداول بالهامش ، تسمح الرافعة المالية بتضخيم الأرباح من خلال ، إلى حد ما ، استئجار الأموال وجني الأرباح الإضافية. ومع ذلك ، فإن تداول الرافعة المالية محفوف بالمخاطر للغاية. ما لم تكن متداولا متمرسا ومستقرا ماليا ، لا ينصح بالتداول بالرافعة المالية.

شبكة البرق

شبكة البرق هي نوع من الطبقة الثانوية أعلى نظام blockchain.
تتيح شبكات البرق معاملات أسرع.

أمر محدد /ابتاع /باع

عندما تقصد تنفيذ صفقة ، يمكنك اختيار تنفيذ هذه الصفقة بعدة طرق مختلفة. أحد هذه الأساليب هو من خلال أمر السوق ، الذي ينفذ الأوامر على الفور بأفضل سعر سوق متاح. البديل الشائع هو أمر محدد ، والذي يتيح للمشتري أو البائع اختيار السعر الذي يريد الشراء أو البيع به. على سبيل المثال ، لنفترض أن عملة يتم تداولها بسعر 200 دولار. إذا اخترت شراء عملة واحدة بأمر سوق ، تنفيذ هذا الأمر على الفور ، ربما بسعر 200 دولار ، أو ربما بسعر 199 دولارا أو 201 دولارا. إذا قمت بوضع أمر محدد ، فإنك تختار السعر الذي تريد شراء العملة الواحدة به. ربما تكون هذه العملة متقلبة ، لذلك قررت وضع أمر شراء محدد عند 197 دولارا على أمل أن يرتفع السعر إلى هذا المستوى في مرحلة ما على مدار اليوم وقبل التعافي والاستمرار في اتجاه صعودي. في هذه الحالة ، لن يتم تنفيذ الأمر إلا عندما يصل سعر العملة إلى 197 دولارا أو أقل. بشكل عام ، تعتبر أوامر الحد جيدة للقبض على السعر أقل بقليل من القيمة السوقية في وقت الأمر ، على الرغم من أنه يمكن تعيين أوامر الحد بأي سعر لأسباب أخرى مختلفة. إذا كنت تضع وتطلب ولا تهتم حقا بما إذا كانت نقطة الشراء الخاصة بك أقل بنسبة 2% أم لا (أو أيا كان) ، يمكنك فقط تعيين أمر سوق وشراء الورقة المالية على الفور.

قائمه

القائمة هي إضافة عملة أو رمز مميز إلى البورصة.

السيوله

السيولة هي مدى سهولة شراء الأصل أو بيعه. على سبيل المثال ، الأسهم والعملات المشفرة سائلة للغاية ، حيث يمكن شراؤها أو بيعها في أي لحظة. ومع ذلك ، قد تكون الأصول مثل العقارات والفن الذي لا يقدر بثمن أقل سيولة ، لأن بيعها يتطلب وقتا وجهدا ومالا كبيرا.

وقت القفل

تأتي بعض المعاملات مع قاعدة تؤخر الوقت الذي يمكن فيه التحقق من صحة المعاملة وتأكيدها. وهذا ما يسمى وقت القفل. الغالبية العظمى من سلاسل الكتل لا تنطوي على وقت القفل.

طويل /قصير [المنصب]

اتخاذ مركز طويل يعني أن المستثمر ينوي الاحتفاظ بأصل على المدى الطويل. هذا يعني عموما بضعة أشهر على الأقل. المركز القصير هو عكس ذلك. ينوي المتداول الدخول والخروج في فترة زمنية قصيرة نسبيا ، سواء كانت دقائق أو ساعات أو أيام.

الشبكة الرئيسية

تشكل الشبكة الرئيسية الشبكة الرئيسية لـ blockchain. تتم المعاملات على دفتر الأستاذ الموزع ، وليس الشبكة الرئيسية.

مبادلة الشبكة الرئيسية

تحدث مقايضة الشبكة الرئيسية عندما تنتقل عملة من شبكة رئيسية إلى أخرى.

صانع

لا ينبغي الخلط بينه وبين عملة صانع. يصبح المستخدم صانعا عند تقديم طلب ، ولا يتم تنفيذ هذا الطلب على الفور. يصبح هذا الطلب مفتوحا ويتم وضعه في دفتر الطلبات حتى يتم الوفاء به.

التداول بالهامش

التداول بالهامش هو استراتيجية شائعة حيث يقترض المتداولون الأموال لوضع الصفقات. على سبيل المثال ، قد يتداول شخص لديه 10,000 دولار بهامش 5x ، مما يمنحه 50,000 دولار من رأس المال. إذا نجحت التجارة ، فإنهم يسددون 50,000 دولار (عادة مع الفائدة أو نوع من الرسوم) ويحافظون على الربح الإضافي. يجب أن يتم التداول بالهامش فقط من قبل المستثمرين ذوي الخبرة - إذا ساءت التداولات ، ينتهي الأمر بالعديد من المتداولين بديون أكثر من المال. لذا ، فإن المكافآت هائلة ، لكن المخاطر استثنائية بنفس القدر.

القيمة السوقية (القيمة السوقية)

القيمة السوقية للعملة هي إجمالي قيمة التداول. يمكن حساب ذلك بسهولة بضرب إجمالي المعروض من العملة في سعر العملة. على سبيل المثال ، تبلغ القيمة السوقية لتداول العملة المشفرة بسعر 5 دولارات مع عرض 1 مليون وحدة 5 ملايين دولار.

زخم السوق

زخم السوق هو قدرة هذا السوق على الحفاظ على فترات النمو أو الانكماش. يتمتع السوق الذي ظل في المنطقة الخضراء لمدة ستة أشهر بزخم قوي ، بينما يمكن قول الشيء نفسه إذا غرق هذا السوق في منطقة هبوطية وظل في المنطقة الحمراء لفترات طويلة من الزمن.

أمر السوق

أمر السوق هو أحد أنواع الأوامر العديدة التي يمكن وضعها لتنفيذ الصفقة. يتم تنفيذ أوامر السوق على الفور بأفضل سعر سوق متاح. على العكس من ذلك ، أوامر الحد ، يسمح للمشتري باختيار السعر الذي يريد أن يتم تنفيذ تجارته به. في حين أن أوامر السوق قد تؤدي إلى أن تكون نقطة الشراء أعلى قليلا من أمر الحد الذكي ، إلا أنها تسمح بدخول أسرع.

ماسترنود

تلعب Masternodes أدوارا أكثر من العقدة العادية في شبكة blockchain ، مثل تمكين خدمات محددة.

الحد الأقصى للإمداد

الحد الأقصى للعرض من عملة معدنية أو رمز مميز ، كما يوحي الاسم ، هو ببساطة المبلغ الإجمالي للعملات التي يمكن إنشاؤها لعملة مشفرة معينة. عند إنشاء عملة أو رمز مميز ، يتم تضمين الحد الأقصى للعرض في الخوارزمية. بمجرد الوصول إلى الحد الأقصى للإمداد واستخراج جميع العملات المعدنية أو أصابع القدم ، لا يمكن أن يوجد المزيد. على سبيل المثال ، يبلغ الحد الأقصى للعرض من Bitcoin 21 مليون ، والذي سيتم الوصول إليه في حوالي عام 2140.

ميمبول

mempool هي منطقة احتجاز العقدة للمعاملات المعلقة (غير المصادق عليها).

التعدين المدمج

التعدين المدمج هو عملية تعدين العديد من العملات المشفرة في نفس الوقت.

شجرة ميركل

شجرة ميركل هي طريقة يتم بها تنظيم البيانات. يعطي هيكل Merkle المظهر المرئي لكونه شجرة ، وأشجار Merkle مرادفة لأشجار التجزئة.

تعدين

التعدين هو العملية التي يتم من خلالها إضافة الكتل إلى blockchain من خلال العمل بشكل عكسي لحل المشكلات الرياضية. يتطلب حل هذه المشكلات قدرا كبيرا للغاية من القوة الحسابية. للتعويض عن هذه التكلفة وتحفيز النشاط ، يتم تقديم مكافآت لأولئك الذين يقومون بالعمل. الأشخاص أو المنظمات الذين يستخدمون قوتهم الحسابية للتعدين هم عمال المناجم.

عقد التعدين

عقد التعدين هو عقد يتضمن قيام طرف واحد بإقراض (بشكل أساسي ، تأجير) قوته الحسابية (قوة التجزئة) إلى طرف آخر. يدفع المشتري رسوما مقدمة مقابل المكافآت الناتجة عن قوة التجزئة المستأجرة.

مزرعة التعدين

مزرعة التعدين عبارة عن مجموعة من العديد من عمال المناجم ، وعادة ما تكون مجموعة كبيرة ، يديرون مركز بيانات كبير أو مستودعا مخصصا خصيصا لتعدين العملات المشفرة. يدير ديف كارلسون واحدة من أكبر مزارع التعدين في العالم. تبلغ نفقاته الشهرية أكثر من 1 مليون دولار من الكهرباء ، وعلى الرغم من أن الأرقام المحددة ليست علنية ، إلا أنه يقدر أن كارلسون في مرحلة ما قام بتعدين ما يصل إلى 200 بيتكوين يوميا. يرجى أن تضع في اعتبارك أن مزارع التعدين غير قانونية في العديد من الأماكن حول العالم.

تجمع التعدين

تجمع التعدين هو مجموعة من عمال المناجم الذين يجمعون قوتهم الحسابية لكسب المكافآت بشكل أسرع. ثم يتم تقسيم المكافآت عبر المجموعة بالنسبة إلى مقدار القوة المساهمة. تجمع التعدين أفضل من التعدين الفردي لأولئك الذين لديهم قوة حوسبة قليلة نسبيا لأن المكافآت يتم توزيعها في كثير من الأحيان. لذلك ، على عكس عامل منجم صغير يكسب مكونا كبيرا بقيمة 1000 دولار من العملات المشفرة كل عامين ، قد ينضم هذا المعدن إلى مجموعة ويكسب 1.37 دولارا في اليوم.

عبارة ذاكري

عبارة ذاكري مرادفة لعبارة البذور. يصف كلا المصطلحين تسلسلات من 12 إلى 24 كلمة تحدد المحفظة وتمثلها. إنها مثل كلمة مرور احتياطية ، وأي شخص لديه حق الوصول الكامل إلى محفظة العملات المشفرة. تأكد من تخزين عبارات ذاكري بشكل آمن.

قمر

تشير عبارات مثل "إلى القمر" و "إنها ذاهبة إلى القمر" إلى ارتفاع قيمة العملة المشفرة ، عادة بمقدار كبير.

التعدين متعدد المجمعات

التعدين متعدد المجمعات هو حدث انتقال عمال المناجم من عملة مشفرة إلى أخرى بناء على المكافآت المقدمة. تقوم المجمعات التي تقدم تعدينا متعدد المجمعات بالتبديل تلقائيا بين العملات المعدنية. ثم يتم توزيع المكافآت على عمال المناجم الذين ساهموا في القوة الحسابية.

التوقيع المتعدد

تتطلب بعض المحافظ أطرافا متعددة لتفويض المعاملات والتحقق من صحتها قبل إضافة هذه المعاملات إلى دفتر الأستاذ العام ، وبالتالي تتطلب توقيعا متعددا.
تتطلب العناوين متعددة التوقيعات والمحافظ متعددة التوقيعات توقيعات متعددة.

شبكة

الشبكة ، في جوهرها ، هي نظام مترابط. يتكون النظام داخل شبكة العملة المشفرة من العديد من العقد التي تساعد blockchain في مجموعة متنوعة من المهام.

كعب

العقدة هي جهاز كمبيوتر متصل بشبكة blockchain يساعد blockchain في كتابة الكتل والتحقق من صحتها. تقوم بعض العقد بتنزيل تاريخ كامل من blockchain الخاص بهم. وتسمى هذه العقد الرئيسية وتؤدي مهام أكثر من العقد العادية. بالإضافة إلى ذلك، لا يتم تأمين العقد في شبكة معينة. بدلا من ذلك ، يمكن لمعظم العقد التبديل إلى سلاسل كتل مختلفة عمليا حسب الرغبة ، كما هو الحال مع التعدين متعدد التجمعات.

نونس

nonce هو رقم تعسفي يستخدم مرة واحدة فقط للتحقق من معاملة تشفير. nonce هو الرقم الذي يتطلع عمال مناجم العملات المشفرة إلى العثور عليه من خلال حل المعادلات الرياضية.

أوراكل

لا يمكن الوصول إلى العقود الذكية داخل blockchain إلا خارجيا من خلال برامج أوراكل. ترسل Oracles البيانات من وإلى العقود الذكية والمصادر الخارجية كما هو مطلوب ؛ قد تفكر في أنها تؤدي نفس المهام مثل الحمض النووي الريبي المرسال في جسم الإنسان.

دفتر الطلبات

دفتر الطلبات هو قائمة بأوامر الشراء والبيع المفتوحة لأصل في البورصة. أي طلب لم يتم تنفيذه هو أمر مفتوح في دفتر الطلبات.

ذروة البيع / ذروة الشراء

شهدت العملة المشفرة في ذروة البيع ضغط بيع أكبر بكثير من ضغط الشراء. نتيجة لذلك ، تم بيعها بسعر يعتبر أقل من قيمتها الحقيقية الأساسية. لذلك ، فإن ذروة البيع تعني عموما أن الورقة المالية يجب أن ترتد على الأقل إلى قيمتها الحقيقية. ذروة الشراء هي عكس ذلك وتحدث عندما يتم شراء عملة أو رمز مميز يصل إلى ما يمكن اعتباره سعرا مرتفعا بشكل غير مبرر. عادة ، إذا اعتقد شخص ما أن العملة أو الرمز

المميز في ذروة البيع ، فإنهم يعتقدون أنه سيرتفع ، بينما إذا اعتقدوا أنه في منطقة ذروة الشراء ، فإنهم يعتقدون أنه سينخفض.

محفظة ورقية

المحفظة الورقية هي طريقة لتخزين مفاتيح العملة المشفرة والعبارات الأولية ، والتي ، كما يوحي الاسم ، تتم طباعتها ببساطة على الورق.

نظير إلى نظير (P2P) / شبكات P2P

تتضمن شبكة نظير إلى نظير العديد من أجهزة الكمبيوتر التي تعمل مع بعضها البعض لإكمال المهام. لا تتطلب شبكات نظير إلى نظير سلطة مركزية وهي جزء لا يتجزأ من شبكات blockchain.

العملة المربوطة

العملة المربوطة ، مثل العملة المستقرة ، هي عملة مصممة للبقاء عند نفس سعر الأصل المحدد ، وعادة ما تكون عملة صادرة عن البنك. USDT و DAI هما عملتان مستقرتان شائعتان مرتبطتان بالدولار الأمريكي ، مما يعني أن 1 DAI و 1 USDT سيكونان مكافئين إلى الأبد للدولار الأمريكي.

بلوكتشين مصرح به /دفاتر

معظم شبكات blockchain المشفرة عامة. هذا يعني أنه يمكن لأي شخص تعدين blockchain والمساعدة في إضافة الكتل. بديل لهذا النظام هو blockchain المصرح به ، والذي يتضمن دفتر الأستاذ المصرح به المقابل. ضمن الشبكات المصرح بها ، يتم بناء طبقة التحكم في الوصول فوق blockchain العادي الذي يتحكم ، باختصار ، في من يمكنه فعل ماذا.

ما قبل البيع

يحدث البيع المسبق في شركة ناشئة على وشك الإطلاق ؛ يمكن للمستثمرين المدعوين شراء الرمز المميز قبل أن يصبح متاحا للجمهور.

حركة السعر

تحركات السعر هي ببساطة لحظات سعر الأصل بمرور الوقت.

المفتاح الخاص / المفتاح العام

سيستخدم مستخدمو العملات المشفرة مفتاحين: مفتاح عام ومفتاح خاص. كلا المفتاحين عبارة عن سلاسل من الأحرف والأرقام. بمجرد أن يبدأ المستخدم معاملته الأولى ، يتم إنشاء زوج من المفتاح العام والمفتاح الخاص. يستخدم المفتاح العام لتلقي العملات المشفرة ، بينما يسمح المفتاح الخاص للمستخدم بإجراء المعاملات من حسابه. يتم تخزين كلا المفتاحين في محفظة تشفير.

بيع خاص

البيع الخاص هو جولة استثمارية في مرحلة مبكرة غير مفتوحة لعامة الناس ، وبدلا من ذلك عادة ما تكون مفتوحة فقط للمستثمرين الذين لديهم مبلغ كبير من الأموال.

إثبات السلطة (PoA)

تمنح خوارزمية PoA عددا صغيرا من المستخدمين سلطة التحقق من صحة المعاملات. هذا يوفر الطاقة الحسابية ويخلق عملية تحقق مبسطة.

دليل على الحرق (بوب)

يتم استخدام خوارزمية إثبات العمل لتأكيد المعاملات وإنشاء كتل جديدة على blockchain معين. "إثبات العمل" يعني حرفيا أن العمل ، من خلال الحساب الرياضي ، مطلوب لإنشاء كتل. الأشخاص الذين يمتلكون أجهزة الكمبيوتر التي تقوم بإجراء العمليات الحسابية هم عمال مناجم.

إثبات الحصة (نقاط البيع)

تسمح خوارزميات PoS للمستخدمين بتعدين المعاملات والتحقق من صحتها بناء على حجم ممتلكاتهم. لذلك ، مع PoS ، كلما امتلكت أكثر ، زادت قدرتك على التعدين. عادة ما تتراوح مكافآت PoS Staking الراسخة بين 5٪ و 20٪.

إثبات العمل (PoW)

يتم استخدام خوارزمية إثبات العمل لتأكيد المعاملات وإنشاء كتل جديدة على blockchain معين. "إثبات العمل" يعني حرفيا أن العمل ، من خلال الحساب الرياضي ، مطلوب لإنشاء كتل. الأشخاص الذين يمتلكون أجهزة الكمبيوتر التي تقوم بإجراء العمليات الحسابية هم عمال مناجم.

بروتوكول

البروتوكول هو نظام أو إجراء يتحكم في كيفية القيام بشيء ما. داخل العملة المشفرة ، تحكم البروتوكولات طبقة التعليمات البرمجية. على سبيل المثال ، يحدد بروتوكول الأمان كيفية تنفيذ الأمان ، ويحكم بروتوكول blockchain كيفية عمل blockchain وعمله ، ويتحكم بروتوكول Bitcoin في كيفية عمل شبكة Bitcoin.

بلوكتشين العامة / سلسلة الكتل الخاصة

blockchain العام هو شبكة مفتوحة تسمح لأي جهاز كمبيوتر بالمشاركة في التحقق من المعاملات. من ناحية أخرى ، تنظم سلاسل الكتل الخاصة من يمكنه الوصول إلى الشبكة ومن يمكنه المشاركة في الشبكة.

ضخ /تفريغ

المضخة هي حركة سعر تصاعدية سريعة في عملة معدنية أو رمز مميز. التفريغ هو حركة سعر هبوطية سريعة في عملة أو رمز مميز. "إلى القمر" يشير إلى مضخة ضخمة.

المضخة والتفريغ

المضخة والتفريغ هي مخطط ينفذه مستثمر كبير أو ، بشكل أكثر شيوعا ، مجموعة من كبار المستثمرين. في المضخة والتفريغ ، ستشتري مجموعة البداية كمية كبيرة من عملة معدنية أو رمز مميز. يرى مستثمرون آخرون الضغط الصعودي القوي ويشتركون. بعد ذلك ، بمجرد تضخيم السعر بشكل كبير ، يتخلص المستثمرون الأصليون من أسهمهم ويجنون الأرباح. يتم النظر إلى هذه الممارسة بازدراء لأنها متلاعبة وتتسبب في خسارة معظم المستثمرين المعنيين للمال.

رمز ريال قطري

QR تعني "الاستجابة السريعة". ضمن النظام البيئي للعملات المشفرة ، تستخدم رموز QR بشكل شائع لجعل عناوين المحفظة قابلة للمسح الضوئي ، بدلا من ضرورة النسخ اليدوي للمفتاح بأكمله.

هجوم السباق

يحدث هجوم السباق ، وهو مجموعة فرعية من هجمات الإنفاق المزدوج ، عندما يتم إنشاء معاملتين بنفس الأموال في نفس الوقت ، بهدف إنفاق الأموال مرتين ومضاعفة المبلغ الأولي.

الرتبة / الترتيب

يتم تصنيف العملات المشفرة حسب القيمة السوقية. ضمن نظام التصنيف، والذي قد ينظر إليه على أنه لوحة النتائج، فإن التواجد في أفضل 10 يعادل شارة الشرف. غالبا ما تسمع الناس يقولون، "أعتقد أن هذا يمكن أن يكون أفضل 10 عملات"، وعبارات مماثلة. احتلت Bitcoin المرتبة الأولى منذ إنشائها ومن المرجح أن تحتفظ بهذه المكانة لبضع سنوات أخرى على الأقل. تحقق من تصنيفات العملات بنفسك في أي من المواقع التالية:

- coinmarketcap.com
- coingecko.com
- cryptoslate.com

عنوان الاسترجاع

عنوان الاسترداد هو عنوان محفظة يعمل كنسخة احتياطية في حالة فشل المعاملة. في حالة حدوث مثل هذا الحدث، يتم رد المبالغ المدفوعة إلى عنوان الاسترداد المحدد. عناوين استرداد الأموال ليست شائعة، وفي معظم الحالات، تكون المعاملات المرسلة إلى العنوان الخطأ غير قابلة للإرجاع.

ريكت

Rekt، كما قد تكون خمنت، هي كلمة عامية تعني "محطم" وتستخدم لوصف التجارة السيئة أو الخسارة الكبيرة.

المقاومه

المقاومة هي السعر الذي يكافح الأصل لاختراقه بطريقة تصاعدية. في بعض الأحيان، يمكن أن تكون مستويات المقاومة فسيولوجية. على سبيل المثال، قد تصل Bitcoin إلى المقاومة عند 100000 دولار، نظرا لأن العديد من الأشخاص يضعون أوامر بيع بسعر لطيف ومستدير ولطيف يبلغ 100000 دولار. عندما يتم اختراق مستوى المقاومة، يمكن أن يرتفع السعر بسرعة. في الحالة التي تتجاوز فيها عملة البيتكوين 100000 دولار بعد فترة من المقاومة القوية، قد يرتفع السعر بسرعة إلى 105000 دولار. الدعم هو عكس المقاومة.

توقيع الخاتم

التوقيع الدائري هو توقيع رقمي (يمكن اعتباره أيضا عملية تشفير) يسمح لكل من المانح والمستقبل بالبقاء مجهولين من خلال منح العقد داخل الشبكة القدرة على الموافقة على المعاملات دون تحديد العقدة التي

طلبت المعاملة ، وبالتالي إزالة أي أثر رقمي بين العقدتين والحفاظ على خصوصية المفاتيح وهوية المرسل والمتلقي.

خارطة الطريق

خارطة الطريق هي خطة تنشرها المنظمة فيما يتعلق بأهدافها طويلة الأجل ومعاييرها المهمة.

ساتوشي ناكاموتو

ساتوشي ناكاموتو هو الفرد أو مجموعة الأفراد الذين أنشأوا البيتكوين. لا يعرف الكثير عن هذا الرقم الغامض ، وقد أدى عدم الكشف عن هويته إلى ظهور عدد لا يحصى من نظريات المؤامرة. بينما يدرج ناكاموتو نفسه على أنه رجل يبلغ من العمر 45 عاما من اليابان على موقع رسمي لمؤسسات نظير إلى نظير ، فإنه يستخدم التعابير البريطانية في رسائل البريد الإلكتروني الخاصة به. بالإضافة إلى ذلك ، تتوافق الطوابع الزمنية لأعماله بشكل أفضل مع شخص مقيم في الولايات المتحدة أو المملكة المتحدة. يمتلك ناكاموتو حاليا ثروة تزيد قيمتها عن 50 مليار دولار من خلال حيازات 1.1 مليون بيتكوين.

سكريبت

التشفير هو خوارزمية تقوم بتشفير البيانات (لا سيما المفاتيح) بطريقة تجعل المعلومات غاشمة صعبة للغاية. تتطلب المفاتيح المشفرة بالتشفير قدرا هائلا من القوة الحسابية للاختراق (تقنيا ، للتجزئة) ، مما يرفع حاجز الدخول للمهاجمين المحتملين.

ثانيه

لجنة الأوراق المالية والبورصات (SEC) هي وكالة حكومية مسؤولة عن تنظيم أسواق الأوراق المالية ، مثل سوق الأوراق المالية.

التدقيق الأمني

التدقيق الأمني هو تحليل لمدى أمان النظام ضد الهجمات أو الأعطال الفنية. غالبا ما تقوم الشركات بإجراء عمليات تدقيق أمنية من أجل تحسين إجراءاتها الأمنية.

بذرة / عبارة البذور

عبارة البذور قابلة للتبديل مع عبارة ذاكري. العبارات الأولية عبارة عن تسلسلات من 12 إلى 24 كلمة تحدد المحفظة وتمثلها. باستخدامه ، لا يمكنك أبدا أن تفقد الوصول إلى حساب متصل. إذا نسيتها ، فلا

توجد طريقة لإعادة تعيينها أو استعادتها. أي شخص لديه عبارة البذور الخاصة بك لديه حق الوصول الكامل إلى المحفظة المتصلة ومقتنيات العملات المشفرة.

شاهد منفصل (سيغويت)

تسمح عملية SegWit باحتواء المزيد من المعاملات داخل كتلة واحدة عن طريق فصل توقيعات المعاملات.

التعدين الأناني

التعدين الأناني هو استراتيجية تعدين جماعية يقوم فيها عمال المناجم بحجب الكتل بشكل استراتيجي لزيادة الأرباح.

بيع الجدار

جدار البيع هو أمر بيع كبير جدا بسعر محدد. بيع الجدران يدفع الأسعار إلى الانخفاض. العكس هو جدار الشراء، والذي يمكن أن يمنع عملة أو رمز مميز من الانخفاض إلى ما دون سعر معين.

المشاعر

يصف الشعور موقف شخص أو مجموعة من الأشخاص تجاه شيء ما، ربما شركة أو شخص أو سوق أو أصل. باختصار، المشاعر هي العاطفة.

المشاركة

المشاركة هي عملية تقسيم شبكة blockchain إلى أجزاء أصغر. بهذه الطريقة، يمكن تسجيل المعاملات وتخزينها في جزء واحد فقط، بدلا من المرور عبر كل عقدة في الشبكة. يتيح التجميع قابلية التوسع والسرعة في blockchain.

انزلاق

يمكن أن يحدث الانزلاق عندما يتم وضع صفقة من خلال أمر السوق. تحاول أوامر السوق التنفيذ بأفضل سعر ممكن، ولكن في بعض الأحيان يحدث اختلاف ملحوظ بين السعر المتوقع والسعر الفعلي. على سبيل المثال، لنفترض أنك تريد شراء 20 BNB مقابل 1000 دولار، لكنك تضع أمر سوق وينتهي بك الأمر فقط بالحصول على 9 BNB مقابل 1000 دولار. نادرا ما يكون الانزلاق بهذا القدر من الحدة، ولكنه

يختلف بانتظام في نطاق 1-3%. عند وضع أوامر كبيرة ، من الأفضل عادة وضع أمر محدد بدلا من أمر السوق. هذا يلغي خطر الانزلاق.

العقود الذكية

العقود الذكية هي جزء أساسي من عالم العملات المشفرة. العقد الذكي هو عقد ذاتي التنفيذ يعمل على التعليمات البرمجية. تتم كتابة شروط العقد ، وكذلك التنفيذ ، مباشرة في العقد الذكي ، وبالتالي تزيل مسألة الثقة لجميع الأطراف في المعاملة. المعاملات الصادرة بعقود ذكية لا رجعة فيها ولا يمكن تعقبها. يمكن استخدام هذه العقود ليس فقط لإدارة معاملات العملات المشفرة ، ولكن أيضا في أنظمة التصويت ، والخدمات المالية المختلفة ، وتخزين المعلومات ، وفي العديد من الصناعات الأخرى.

صلابه

Solidity هي لغة برمجة ، تماما مثل Python أو Java ، والتي تستخدم لكتابة وتطوير عقود Ethereum الذكية.

شفرة المصدر

تحدد شفرة المصدر كيفية عمل البرنامج بناء على القواعد المبرمجة.

عملة مستقرة

العملة المستقرة ، على غرار العملة المربوطة ، هي عملة معدنية أو رمز مميز مصمم ليظل بنفس سعر الأصل المعين ، وعادة ما يكون عملة صادرة عن الحكومة. على سبيل المثال ، USDT و DAI هما عملتان مستقرتان شائعتان مرتبطتان بالدولار الأمريكي ، مما يعني أن 1 USDT و 1 DAI سيتواجدان إلى الأبد على قدم المساواة مع دولار أمريكي واحد. لا تواجه العملات المستقرة أي تقلبات عمليا ، وعادة ما توفر فائدة قليلة في المائة (APY) على المقتنيات سنويا وهي مكان جيد لتخزين مقتنيات العملات المشفرة.

بركة التخزين

تجمع Staking هو مجموعة يجمع فيها أصحاب المصلحة بين قوة التخزين الحسابية الخاصة بهم من أجل زيادة قدرتهم على التحقق من صحة كتلة جديدة بنجاح. يتم الحصول على مكافأة كتلة في كل مرة يتم فيها التحقق من صحة الكتلة ، ويتم توزيع المكافآت بعد ذلك وفقا للمساهمة.

كتلة قديمة / كتلة اليتيم

نظرا للفصل الجغرافي للعقد في شبكة blockchain ، يمكن أن توجد سلاسل متعددة ، لكل منها كتل متعددة ، في وقت واحد. في بعض الأحيان ، قد يقوم اثنان من عمال المناجم ، كل منهما في مواقع جغرافية مختلفة ، بتجزئة (حل) كتلة في نفس الوقت تقريبا. كلتا الكتلتين صالحتان ، وكلاهما يصل إلى سلاسل مختلفة. سيتم "اختيار" كتلة واحدة كحقيقة ، مع تحديد الاختيار بطول السلسلة. تعرف الكتلة التي لم يتم قبولها باسم الكتلة القديمة أو اليتيمة.

على أساس الدولة / Cryptocurrency التي ترعاها الدولة

العملات المشفرة القائمة على الدولة هي عملات معدنية أو رموز يتم رعايتها أو بدؤها أو إدارتها من قبل حكومة مركزية. اعتبارا من عام 2021 ، تقوم الصين بتطوير الين الذي تديره الدولة.

مخزن القيمة

يمكن الحصول على الأصول التي تعد مخازن جيدة للقيمة وتبادلها في وقت لاحق للحصول على درجة محتفظ بها من القوة الشرائية.

دعم

الدعم هو السعر الذي يكافح عنده الأصل للاختراق بطريقة هبوطية لأن العديد من المستثمرين على استعداد لشراء الأصل بهذا السعر وبالتالي فإن ضغط الشراء يتجاوز بكثير ضغط البيع. في كثير من الأحيان ، إذا وصلت العملة إلى مستويات الدعم ، فسوف تنعكس إلى اتجاه صعودي. غالبا ما يكون ارتداد مستوى الدعم فرص شراء جيدة على المدى القصير ، على الرغم من أنه إذا تم اختراق مستويات الدعم بطريقة هبوطية ، فمن المحتمل حدوث انخفاض حاد وممتد.

سوينغ / التجار المتأرجحون

التأرجح هو انعكاس دراماتيكي في السعر. يحاول المتداولون المتأرجحون اللحاق بالتقلبات الخاصة بالسوق والأصول والتداول عليها.

دبابة /سكران

يشير إلى انخفاض هائل في السعر ، على سبيل المثال ، "انخفض من 20 دولارا إلى 10 دولارات".

التحليل الفني

ينظر التحليل الفني إلى المؤشرات الفنية للتنبؤ بحركة السعر. يستخدم المحللون الفنيون البيانات التاريخية من الرسوم البيانية لعمل توقعاتهم. ارجع إلى قسم التحليل الفني في وقت سابق من الكتاب لإلقاء نظرة موسعة على التحليل الفني واستراتيجيات الرسوم البيانية المختلفة.

شبكة الاختبار

شبكة الاختبار هي جزء من البرنامج المستخدم لاختبار العملات المشفرة قبل الإصدار العام. في حين أن كل شبكة اختبار مطابقة للبرنامج الحقيقي الذي تستخدمه العملة المشفرة ، فإن العملة المشفرة التي تتداول بها لا قيمة لها.

شريط / رمز المؤشر

التحليل الفني هو نوع من التحليل الذي ينظر إلى المؤشرات الفنية من أجل التنبؤ بحركة السعر. يستخدم المحللون الفنيون البيانات التاريخية من الرسوم البيانية لعمل توقعاتهم.

الطابع الزمني

الطابع الزمني هو جزء من كل كتلة داخل blockchain. يحتوي كل طابع زمني على اللحظة الدقيقة التي تم فيها استخراج الكتلة الخاصة به والتحقق من صحتها. هذا يساعد في تأكيد عدم العبث بالكتل.

رمز مميز

في حين أن العملات المشفرة مبنية على blockchain الخاص بها ، فإن الرموز المميزة للعملات المشفرة مبنية على blockchain غير أصلي. تستخدم العديد من الرموز المميزة سلسلة كتل Ethereum ، وبالتالي يشار إليها باسم الرموز المميزة ، وليس العملات المعدنية. يتم تمثيل استخدامات الرمز المميز ضمن فئات فرعية ، وأهمها رموز الأمان ، ورموز النظام الأساسي ، ورموز الأداة المساعدة ، ورموز الحوكمة. يعد فهم الرموز المميزة جزءا لا يتجزأ من فهم ما تتداوله بالضبط ، بالإضافة إلى فهم جميع استخدامات العملات الرقمية ، ولهذه الأسباب سنلقي نظرة سريعة على أنواع الرموز المميزة المذكورة للتو.

- تمثل رموز الأمان الملكية القانونية للأصل ، سواء كانت رقمية أو مادية. لا تعني كلمة "أمان" في رموز الأمان الأمان كما هو الحال في الأمان ، ولكن بدلا من ذلك ، تشير كلمة "الأمان" إلى أي أداة مالية لها قيمة ويمكن تداولها. في الأساس ، تمثل رموز الأمان استثمارا أو أصلا.

- الرموز المميزة للأداة المساعدة مضمنة في بروتوكول موجود ويمكنها الوصول إلى خدمات هذا البروتوكول. على سبيل المثال ، يتم إعطاء الرموز المميزة للمنفعة عادة للمستثمرين أثناء ICO. بعد ذلك ، في وقت لاحق ، يمكن للمستثمرين استخدام رموز المرافق الخاصة بهم كوسيلة للدفع على المنصة التي قدمت الرموز المميزة. التعريف الكلي الذي يجب أخذه في الاعتبار هو أن الرموز المميزة للمنفعة يمكن أن تفعل أكثر من مجرد كونها وسيلة لشراء أو بيع السلع والخدمات.
- تستخدم رموز الحوكمة لإنشاء وتشغيل أنظمة التصويت للعملات المشفرة التي تتيح وظائف مثل ترقيات النظام.
- تستخدم رموز الدفع (المعاملات) فقط لدفع ثمن السلع والخدمات.

قفل الرمز المميز

تحدث عمليات إغلاق الرمز المميز عندما لا يسمح بنقل أو تداول رمز أو عملة معدنية.

بيع الرمز المميز

بيع الرمز المميز ، والذي يشار إليه أيضا باسم ICO (عرض العملة الأولي) ، هو فترة بيع محدودة يتم فيها طرح عدد محدد من العملات الجديدة للبيع مقابل عملة مشفرة أخرى.

دفتر الأستاذ بدون رمز

دفتر الأستاذ بدون رمز هو دفتر أستاذ موزع لا يتطلب عملة مشفرة لتعمل.

إجمالي المعروض

يشير إجمالي العرض إلى إجمالي عدد العملات المعدنية أو الرموز الموجودة حاليا ، سواء كانت "محترقة" أو متداولة.

المعاملات

المعاملة هي أي تبادل بين أطراف متعددة. تتضمن معاملة العملة المشفرة قيام طرف واحد بشراء عملة معدنية أو رمز مميز ، وطرف آخر يبيع تلك العملة أو الرمز المميز.

معرف المعاملة (تكسيد)

TXIDs هي معرفات المعاملات المستخدمة للإشارة إلى المعاملات على blockchain.

تورينج كاملة

Turing complete هو مصطلح يصف الآلات النظرية التي يمكنها حل أي مشكلة حسابية ، إذا أعطيت ما يكفي من الوقت والذاكرة والتعليمات المناسبة.

غير مؤكده

المعاملات غير المؤكدة هي المعاملات التي لم يتم التحقق منها بعد ووضعها على blockchain.

وحدة الحساب

وحدات الحسابات تقيس قيمة الأصول. الدولار الأمريكي ، وكذلك العملات الحكومية الأخرى ، هي وحدات حساب لأنها تقيم الأشياء التي تحمل قيمة. على سبيل المثال ، إذا اشتريت رغيفا من الخبز مقابل 5 دولارات ، قياس وحدة الحساب (المال الذي استخدمته لشراء الخبز) مقابل قيمة الخبز.

دفاتر الأستاذ غير المصرح بها

دفاتر الأستاذ غير المصرح بها هي دفاتر الأستاذ التي ليس لها مالك واحد. الغرض من دفتر الأستاذ هذا هو السماح بجميع فوائد اللامركزية ، وأبرزها الشفافية والكفاءة والأمن.

مخرجات المعاملات غير المنفقة (UTXO)

UTXO هو مقدار العملة الرقمية المتبقية بمجرد تنفيذ المعاملة. تحتوي محفظة التشفير على العديد من UXTOs ، وكلها تمثل مقدارا معينا من العملة المعدنية أو الرمز المميز. يمكن اعتبار UXTOs بشكل أساسي فواتير أصغر عند الدفع بفواتير أكبر. إنها تسمح لك بشراء وبيع أجزاء من العملات المعدنية ، بدلا من كميات كاملة من هذه العملات المعدنية. بهذه الطريقة ، تتيح لك UXTOs شراء عشر عملة البيتكوين بدلا من واحد.

واجهة المستخدم (واجهة المستخدم)

واجهة المستخدم هي الواجهة التي يتفاعل المستخدمون من خلالها مع البرامج. يعرض كل موقع ويب تزوره واجهة المستخدم الخاصة به ، والتي تتيح لك التفاعل مع رمز موقع الويب.

بخار

Vaporware هي عملة معدنية أو رمز مميز تم تضخيمه ولكن له قيمة جوهرية قليلة ومن المرجح أن تنخفض قيمته.

الجهاز الظاهري

الجهاز الظاهري هو مورد كمبيوتر يسمح للمستخدمين بتشغيل أنظمة التشغيل على أجهزة الكمبيوتر. تعمل أنظمة التشغيل هذه كأجهزة كمبيوتر منفصلة على الرغم من وجودها افتراضيا بحتا.

نادي فلاديمير

مصطلح يصف شخصا حصل على 1٪ من 1٪ (0.01٪) من الحد الأقصى للعرض من العملة المشفرة.

التقلبات

التقلب هو حجم التغيير في عملة أو رمز مميز ، وبالتالي القدرة واحتمال تغير السعر بسرعة ، سواء في اتجاه إيجابي أو سلبي. لذا ، فإن العملة التي تتحرك بنسبة 10٪ لأعلى في يوم ما ، و 27٪ لأسفل في اليوم التالي ، و 22٪ صعودا في اليوم الثالث تكون أكثر تقلبا من العملة التي تتحرك صعودا بنسبة 2٪ ، وتنخفض بنسبة 0.5٪ ، وترتفع بنسبة 1٪ أخرى. بعض العملات المعدنية ، وتحديدا العملات المستقرة ، لديها تقلبات قليلة جدا ، في حين أن العملات المعدنية أو الرموز الأخرى ، عادة تلك ذات القيمة السوقية الصغيرة نسبيا ، متقلبة للغاية وتتحرك صعودا وهبوطا بسرعة.

محفظة

المحفظة هي واجهة المستخدم التي تستخدمها لإدارة حسابك (حساباتك). لا يتم تخزين المقتنيات فعليا في محافظ ، والتي يمكن الوصول إليها من خلال مفتاح خاص وعام ، ولكن على blockchain. محفظة Coinbase و Exodus هي محافظ شائعة

ضعف الأيدي

يفتقر المتداولون الذين لديهم "أيد ضعيفة" إلى الثقة في الاحتفاظ بأصولهم في مواجهة التقلبات وغالبا ما يتداولون على العاطفة ، بدلا من الالتزام بخطة التداول الخاصة بهم.

وي

وي هي أصغر فئة ممكنة من رمز إيثر.

حوت

الحوت هو شخص أو كيان له مركز كبير للغاية في عملة معدنية.

المستند التعريفي التمهيدي

المستند التقني هو مستند تقدمه الشركات الناشئة للمستثمرين المحتملين يكشف عن معلومات حول خطط الشركة.

القائمة البيضاء

القائمة البيضاء هي قائمة بالعناصر أو المشاركين المعتمدين، كما هو الحال في حدث ما. العكس هو القائمة السوداء ، وهي قائمة بالعناصر المحظورة أو المشاركين.

الفتائل /شعيرات /الظلال

الشعيرات هي الخطوط الممتدة من الأشرطة الملونة على مخططات الشموع اليابانية وتشير إلى النطاق المنخفض والعالي للأصل المحدد. الفتائل والشعيرات والظلال مترادفة.

زراعة الغلة

تعمل زراعة الغلة على تشغيل الأصول المشفرة من أجل تحقيق عوائد. تتضمن زراعة الغلة قيام المستخدمين بإقراض الأموال للآخرين من خلال العقود الذكية. في مقابل الأموال المقرضة ، تكافئ أرباح المقرض بالعملات المشفرة. أصبحت زراعة الغلة مؤخرا شائعة جدا.

معاملة تأكيد صفرية

معاملة التأكيد الصفري هي معاملة لم يتم تسجيلها بعد على blockchain. ثم يفترض البائع على الفور أن الأموال قد تم تسليمها ويسلم ما تم بيعه.

براهين المعرفة الصفرية

تتحقق إثباتات المعرفة الصفرية من المعاملات دون الكشف عن معلومات حول المعاملة ، وبالتالي الحفاظ على خصوصية معلومات المترجم مع الحفاظ على وسائط معاملات آمنة وفعالة.

موارد

- الكتب
- التبادلات
- البودكاست
- الخدمات الإخبارية
- خدمات الرسوم البيانية
- أسواق NFT
- قنوات يوتيوب
- فهرس

الكتب

اتقان بيتكوين أندرياس م. أنتونوبولوس

إنترنت المال - أندرياس م. أنتونوبولوس

معيار البيتكوين - سيفدين عموس

عصر *العملات المشفرة* - بول فيجنا

الذهب الرقمي - ناثانيال بوبر

مليارديرات البيتكوين - بن ميزريتش

أساسيات عملات البيتكوين والبلوكشين - أنتوني لويس

ثورة *بلوكتشين* - دون تابسكوت

الأصول المشفرة - كريس بورنيسكي وجاك تتار

عصر *العملات المشفرة* - بول فيجنا

لالدمي:

الاستثمار في العملات المشفرة - كيانا دانيال
بيتكوين - بريبتو
بلوكتشين - تيانا لورانس
إيثريوم - مايكل جي سولومون

التبادلات

Binance - binance.com (binance.us للمقيمين في الولايات المتحدة)

كوين بيز - coinbase.com

كراكن – kraken.com

التشفير - crypto.com

الجوزاء - gemini.com

eToro – etoro.com

البودكاست

ماذا فعلت بيتكوين بواسطة بيتر ماكورماك (بيتكوين)

قصص غير مروية (قصص مبكرة)

غير مقيد بواسطة لورا شين (مقابلات)

طبقة الأساس لديفيد ناج (مناقشات)

انهيار ناثانيال ويتمور (قصير)

تشفير كامفاير بودكاست (استرخاء)

إيفان على التكنولوجيا (تحديثات)

HASHR8 بواسطة Whit Gibbs (تقني)

آراء غير متحفظة من ريان سيلكيس (مقابلات)

الخدمات الإخبارية

كوين ديسك - coindesk.com

كوينتيليغراف - cointelegraph.com

توداي أون تشين - todayonchain.com

أخبار BTC – newsbtc.com

مجلة بيتكوين - bitcoinmagazine.com

كريبتو سليت - cryptoslate.com

Bitcoin.com – news.bitcoin.com

بلوكونومي - blockonomi.com

خدمات الرسوم البيانية

تريدينج فيو
tradingview.com (الأفضل بشكل عام ، الأفضل اجتماعيا)

كوين ماركتكاب
coinmarketcap.com (بسيط وسهل)

كريبتو ووتش
cryptowat.ch (راسخ جدا ، الأفضل للروبوتات)

كريبتو فيو
cryptoview.com (قابل للتخصيص للغاية)

كوينيجي
coinigy.com (مجموعة كبيرة من الأزواج والتبادلات)

عملة 360
coin360.com (واجهة مستخدم فريدة ، تحقق من هذا!)

الترادي
altrady.com (الماسحات الضوئية والأدوات اليدوية)

أسواق NFT

OpenSea - opensea.io (عام وبسيط)

نادر - rarible.com (عام، مملوك للمجتمع)

نادر للغاية - superrare.com (نهاية عالية)

المؤسسة - foundation.app (للمبدعين والفنانين)

سولانا - solanart.com (NFTs مقرها سولانا)

قنوات يوتيوب

بنيامين كوين
Hatps://vv.youtube.com/channel/ukrvak-ux-w0soig

ركن المكتب
Hatps://vv.youtube.com/c/koinbureyu

الذباب
https://www.youtube.com/c/Forflies

داتا داش
Hatps://vv.youtube.com/c/datadash

شيلدون إيفانز
Hatps://vv.youtube.com/c/sheldonevan

أنتوني بومبليانو
Hatps://vv.youtube.com/channel/usevspell8knynav-nakz4m2w

لارك ديفيس
Hatps://vv.youtube.com/channel/ucl2okaw8hdar_kbkidd2kalia

[i] "تم الوصول إلى المستند التقني لمنصة Binance Exchange في 26 نوفمبر 2021.

https://www.exodus.com/assets/docs/binance-coin-whitepaper.pdf.

[ii] "Tether: العملات الورقية على Bitcoin Blockchain." تم الوصول إليه في 26 نوفمبر 2021. https://tether.to/wp-content/uploads/2016/06/TetherWhitePaper.pdf.

[iii] "سولانا: بنية جديدة لبلوكتشين عالية الأداء." تم الوصول إليه في 26 نوفمبر 2021. https://solana.com/solana-whitepaper.pdf.

[iv] "أوراق كاردانو آدا البيضاء." أوراق كاردانو ADA البيضاء. تم الوصول إليه في 26 نوفمبر 2021.

https://whitepaper.io/coin/cardano.

[v] "خوارزمية إجماع بروتوكول الريبل." تم الوصول إليه في 26 نوفمبر 2021.

https://ripple.com/files/ripple_consensus_whitepaper.pdf.

[vi] "POLKADOT: رؤية لإطار عمل متعدد السلاسل غير متجانس". تم الوصول إليه في 26 نوفمبر 2021.

https://polkadot.network/PolkaDotPaper.pdf.

[vii] "ورقة بيضاء - F.HUBSPOTUSERCONTENT30.NET." تم الوصول إليه في 28 نوفمبر 2021.

https://f.hubspotusercontent30.net/hubfs/9304636/PDF/centre-whitepaper.pdf.

"أبحاث التشفير والبيانات والأدوات." أخبار تشفير مساري. تم الوصول إليه في 28 نوفمبر 2021.

https://messari.io/asset/usd-coin/profile.

"ورقة بيضاء - F.HUBSPOTUSERCONTENT30.NET." تم الوصول إليه في 28 نوفمبر 2021.

https://f.hubspotusercontent30.net/hubfs/9304636/PDF/centre-whitepaper.pdf.

"USD Coin (USDC): عملة مستقرة محجوزة بالكامل مدعومة بالعملات الورقية." عملة الدولار الأمريكي (USDC) | عملة مستقرة محجوزة بالكامل مدعومة بالعملات الورقية. تم الوصول إليه في 28 نوفمبر 2021. https://www.circle.com/en/usdc.

[viii] "الأوراق البيضاء". مختبرات آفا: بناء إنترنت التمويل. تم الوصول إليه في 26 نوفمبر 2021.
.https://www.avalabs.org/whitepapers

[ix] دوجيكوين. تم الوصول إليه في 28 نوفمبر 2021. https://dogecoin.com/.

تشوهان ، عثمان دبليو "تاريخ دوجكوين". SSRN ، 27 ديسمبر 2017.
.https://papers.ssrn.com/sol3/papers.cfm?abstract_id=3091219

[x] "تعزيز ابتكار المال." تيرا. تم الوصول إليه في 26 نوفمبر 2021. https://www.terra.money/.

"أبحاث التشفير والبيانات والأدوات." أخبار تشفير مساري. تم الوصول إليه في 26 نوفمبر 2021.
.https://messari.io/asset/terra/profile

[xi] "يونيسواب v2 كور." تم الوصول إليه في 28 نوفمبر 2021. https://uniswap.org/whitepaper.pdf.

"تاريخ قصير ل Uniswap." بروتوكول Uniswap ، 11 فبراير 2019. https://uniswap.org/blog/uniswap-history.

[xii] "تشينلينك". تم الوصول إليه في 28 نوفمبر 2021. https://research.chain.link/whitepaper-v1.pdf.

[xiii] "الصفحة الرئيسية - مضلع | إنترنت بلوكتشين في إيثريوم." تم الوصول إليه في 26 نوفمبر 2021.
.https://polygon.technology/lightpaper-polygon.pdf

[xiv] "هوذا ... ورقة ألغوراند البيضاء". متتبع محفظة بيتكوين بسيط. تم الوصول إليه في 26 نوفمبر 2021.
!#https://coin.fyi/news/algorand/behold-the-algorand-whitepaper-ohysad

[xv] "ورقة بيضاء إلروند". تم الوصول إليه في 26 نوفمبر 2021. https://elrond.com/assets/files/elrond-whitepaper.pdf.

إلروند. "مستقبل المال • ميار". ميار. تم الوصول إليه في 26 نوفمبر 2021. https://maiar.com/.

[xvi] "مشاريع التكنولوجيا المالية وبلوكتشين والشركاء". ممتاز. تم الوصول إليه في 26 نوفمبر 2021.
.https://stellar.org/ecosystem/projects

التكنولوجيا في آسيا - ربط النظام البيئي للشركات الناشئة في آسيا. تم الوصول إليه في 26 نوفمبر 2021.
https://www.techinasia.com/stellar-asia-growth.

"بروتوكول إجماع ممتاز". ممتاز. تم الوصول إليه في 26 نوفمبر 2021. https://www.stellar.org/papers/stellar-consensus-protocol?locale=en.

[xvii] "بيانات حجم مبيعات Axie Infinity والرسوم البيانية والرسوم البيانية / CryptoSlam / "CryptoSlam!" تم الوصول إليه في 26 نوفمبر 2021. https://cryptoslam.io/axie-infinity/sales/summary.

أكسي إنفينيتي - أكسي إنفينيتي. تم الوصول إليه في 26 نوفمبر 2021. https://whitepaper.axieinfinity.com/.

[xviii] "ورقة بيضاء - ديسنترالاند." تم الوصول إليه في 26 نوفمبر 2021. https://decentraland.org/whitepaper.pdf.

[xix] "المستند التقني لبروتوكول Maker: فبراير 2020." المستند التقني لبروتوكول الصانع | فبراير 2020. تم الوصول إليه في 26 نوفمبر 2021. https://makerdao.com/en/whitepaper/.

[xx] "نظرة عامة على النظام البيئي لشبكة كوزموس." DezentralizedFinance.com ، 1 يوليو 2021.
https://dezentralizedfinance.com/cosmos-network-ecosystem-overview/.

[xxi] "ورقة عمل Sandbox (أغسطس 2020) V2." تم الوصول إليه في 26 نوفمبر 2021.
https://installers.sandbox.game/The_Sandbox_Whitepaper_2020.pdf.

[xxii] "الهيليوم". تم الوصول إليه في 26 نوفمبر 2021. http://whitepaper.helium.com/.

[xxiii] يوزيو. "التوثيق / Technicalwhitepaper.md في الماجستير · EOSIO / التوثيق." GitHub ، 28 أبريل 2018.
https://github.com/EOSIO/Documentation/blob/master/TechnicalWhitePaper.md.

[xxiv] "عملة إنجين". تم الوصول إليه في 28 نوفمبر 2021. https://cdn.enjin.io/downloads/whitepapers/enjin-coin/en.pdf.

www.ingramcontent.com/pod-product-compliance
Lightning Source LLC
LaVergne TN
LVHW010320070526
838199LV00065B/5615
9798869312105